主体的・対話的で深い学びを実現する

算数の追求問題 & 板書モデル

長岡算数教育を語る会 著

明治図書

JN040205

はじめに

　令和２年度から完全実施となった小学校学習指導要領では，「主体的・対話的で深い学び」が重要なキーワードとなっています。

　しかし，多くの先生方と話をしてみると，このキーワードのイメージがかなり違っていることに驚きます。どの学校も全校体制で授業改善を進めたいところですが，目指す授業像が共有されていない中での授業改善はあり得ません。

　そこで，本書を執筆するにあたり「深い学びとはどんな学びか」というところから執筆者の共有を図りました。教科書や『小学校学習指導要領（平成29年告示）解説　算数編』を読み込みながら教材分析を行い，従来から使用してきた◎（追求問題）に加え，☆（深める追求問題）を設定した新しい授業スタイルを構想しました。

　第１章では，授業改善のポイントや教師の有効な働きかけを示し，第２章では，今求められている学力を高めるための授業モデルを紹介しています。算数を専門にしている先生方をはじめ，経験年数や専門教科によらず多くの先生方が自信をもって授業を行い，「主体的・対話的で深い学び」の日常化が推進されることを願っています。

　本書は，７年間の研究を重ね，長岡算数教育を語る会の得た知見についてまとめたものです。読者の皆さんがわたしたちの図書を参考にし，活用してくださることを願います。

　ご高覧いただき，ご批正を賜れれば幸いです。

2021年３月

長岡算数教育を語る会代表　佐藤　満

もくじ
CONTENTS

第 **2** 章 Chapter2 ———————————————— 27
主体的・対話的で深い学びを実現する
追求問題＆板書モデル

第**1**章
Chapter1

主体的・対話的で深い学びを日常化する算数授業づくり

I 主体的・対話的で深い学びの日常化に向けて

　わたしたちは，主体的・対話的で深い学びを実現する授業を目指し，目指す授業を以下のように描いた。

> ## 目指す授業
> 　深い学びの獲得に向けて自分の問いをもち，仲間と協働しながら進んで追求する授業

　この目指す授業を実現させるため授業改善に努め，１時間の授業の中に２つの追求問題（追求問題，深める追求問題）を設定するなど，具体的な手だてを明らかにしてきた。これまで取り組んできた実践をもとに，わたしたちの目指す授業を示す。

1 主体的・対話的で深い学びの算数授業とは

3年「三角形と角」：どんな二等辺三角形がつくれるのか

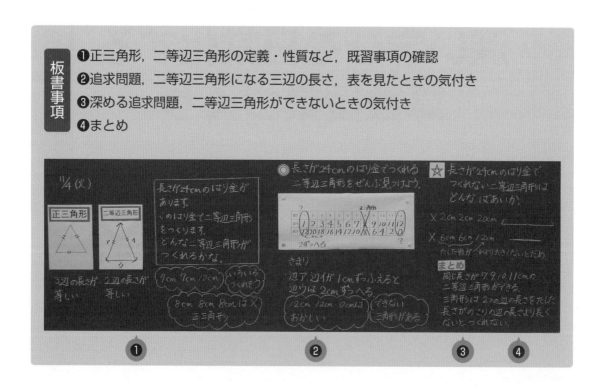

板書事項

❶正三角形，二等辺三角形の定義・性質など，既習事項の確認

❷追求問題，二等辺三角形になる三辺の長さ，表を見たときの気付き

❸深める追求問題，二等辺三角形ができないときの気付き

❹まとめ

(1) 本時における深い学び

> 三角形は２つの辺の長さをたした長さが，残りの辺の長さより長くないとつくれない。

　導入問題「長さが24cmの針金があります。この針金で二等辺三角形をつくります。どんな二等辺三角形がつくれるかな。」を提示する。この問題は，決められた長さから三角形の三辺の長さを考え，いろいろな二等辺三角形を見いだす学習である。数値上，たくさんの二等辺三角形は考えられるが，判断する際に，三角形がつくれる条件として「２つの辺の長さをたすと残りの１つの辺の長さより長くなる」を満たしていないものがあるという意識が弱い。

　表を使って順序よく調べたり，実際に針金で二等辺三角形をつくったりする活動を通して，様々な二等辺三角形を見いだすとともに，三角形の成立条件まで気付き，三角形の定義・性質の理解を深めることができる。

(2) 授業の計画

導入	T	（導入問題）長さが24cmの針金があります。この針金で二等辺三角形をつくります。どんな二等辺三角形がつくれるかな。
	C	８cmの正三角形はだめだ。７cm，７cm，10cmなら二等辺三角形ができるよ。
	C	わたしも１つ見付けた。もっと別の二等辺三角形もできそうだ。
		追求問題 ◎長さが24cmの針金でつくれる二等辺三角形を全部見付けよう。
展開	T	他にどんな二等辺三角形ができるか表を使って見付けてみよう。
	C	辺アと辺イが１cmずつ増えると，辺ウは２cmずつ減っている。
	C	きまりがあるから，順番に表を埋めていくといいね。
	T	表は埋まったけれど，どれも二等辺三角形になるかな。
	C	12cm，12cm，０cmはおかしい。０cmがあると三角形にならない。
	C	他にもできない二等辺三角形があるか探してみたい。
		深める追求問題 ☆長さが24cmの針金でつくれない二等辺三角形はどんな場合か。
	T	二等辺三角形をつくれないところはどこかな。
	C	６cm，６cm，12cmは一直線になるよ。これも三角形にならない。
	C	７cm，７cm，10cmは二等辺三角形になったよ。７cm，８cm，９cm，10cm，11cmは二等辺三角形がつくれる。
終末	T	今日，分かったことはどんなことかな。
	C	三角形は２つの辺の長さをたした長さが，残りの辺の長さより長くないとつくれないことが分かった。

⑶ 授業の実際

導　入（板書❶）

　最初に，既習の「正三角形」と「二等辺三角
形」の定義を復習し，正三角形は「三辺の長さ
が等しい」こと，二等辺三角形は「二辺の長さ
が等しい」ことを子どもたちと確認した。その
上で，導入問題「長さが24cmの針金があります。
この針金で二等辺三角形をつくります。どんな
二等辺三角形がつくれるかな。」と子どもたち
に働きかけた。

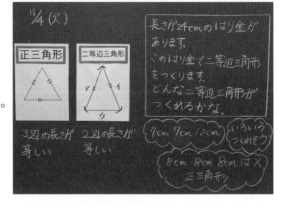

　子どもたちは「8cmの正三角形はだめだ。
7cm，7cm，10cmなら二等辺三角形ができるよ。」「わたしも1つ見付けた。もっと別の二等辺
三角形もできそうだ。」などと発言した。ここで，教師は以下のように発問した。

 いろいろな二等辺三角形がつくれそうなの。

いろいろな二等辺三角形がつくれそうだ。

　子どもたちは「いろいろな二等辺三角形がつくれそうだ。」という見通しをもち，「もっと
いろいろな二等辺三角形を見付けてみたい。」という追求意欲を高めたところで，追求問題
「◎長さが24cmの針金でつくれる二等辺三角形を全部見付けよう。」を設定した。

展　開（板書❷❸）

　子どもたちが二等辺三角形を見付ける活動を行う際に，
教師は「他にどんな二等辺三角形ができるか表を使って
見付けてみよう。」と働きかけた。

　Aさんは，表を埋めながら規則性に目を向けた。

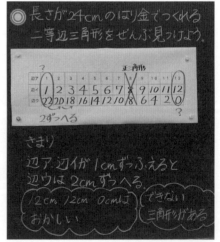

辺アと辺イが1cmずつ増えると，
辺ウは2cmずつ減っている。

　Bさんは，数値の変化のきまりに気付き，表を埋めた。

 きまりがあるから，順番に
表を埋めていくといいね。

10

子どもたちは，数値の変化に着目しながら，以下のように表を完成させた。

辺ア	1	2	3	4	5	6	7	8	9	10	11	12
辺イ	1	2	3	4	5	6	7	8	9	10	11	12
辺ウ	22	20	18	16	14	12	10	8	6	4	2	0

表を完成させて満足している子どもたちに，教師は以下のように発問した。

> 表は埋まったけれど，どれも二等辺三角形になるのかな。

> 12cm，12cm，0cmはおかしい。0cmがあると三角形にならない。

他にも「1cm，1cm，22cmも三角形にならない。」など，子どもたちが二等辺三角形にならない場合があることに着目してきた。子どもたちの「他にもできない二等辺三角形があるか探してみたい。」という追求意欲を高めたところで，深める追求問題「☆長さが24cmの針金でつくれない二等辺三角形はどんな場合か。」を設定した。

子どもたちは，実際に24cmの針金を使って，4人グループで二等辺三角形にならない場合を話し合った。話し合いの後，教師は以下のように発問した。

> 二等辺三角形をつくれないところはどこかな。

子どもたちは，「2cm，2cm，20cmはこんな形になったよ。この長さも三角形にならない。」「6cm，6cm，12cmは一直線になるよ。これも三角形にならない。」などと発言した。そして，Cさんは以下のように発言した。

> 7cm，7cm，10cmは二等辺三角形になったよ。7cm，8cm，9cm，10cm，11cmは二等辺三角形がつくれる。

教師は，子どもたちの気付きをもとに，表の中の二等辺三角形ができる部分を赤ペンで囲み，強調した。子どもたちは，仲間との話し合いにより，表の中の6cmまでは三角形ができないことを見いだすことができた。

終　末（板書❹）

　子どもたちは，24cmの針金を使って二等辺三角形を見いだす活動から「同じ長さが7，9，10，11cmの二等辺三角形ができる。」という理解に加え，「三角形は2つの辺の長さをたした長さが，残りの辺の長さより長くないとつくれない。」という深い学びを獲得した。

2　目指す授業の特徴

(1)　なぜ追求問題を2つ設定するのか

　従来型授業と目指す授業の流れは右図の通りで，追求問題と深める追求問題を以下のように規定する。

> **追求問題**
> 　導入問題を契機にした子どもの疑問や願いを焦点化し，追求を方向付ける問題
>
> **深める追求問題**
> 　追求問題の解決過程で新たに生じた追求問題

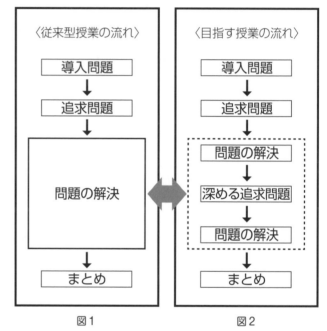
図1　図2

　目指す授業の大きな特徴は，発展問題や追求問題として特設の時間を設けなくても「主体的・対話的で深い学び」が実現できることにあり，追求問題と解決が1つである従来型授業を否定する立場ではない。目指す授業は，追求問題を解決した後，新たな動機付けをしなくても深い学びとして獲得させたい内容についてごく自然に問題意識を醸成し，追求を促すことができる。この過程で設定される追求問題を「深める追求問題」と呼ぶ。授業の中である程度の解決が図られた後，新たな疑問や追求したいことが発生し，子どもたちが連続的に追求していくのが目指す授業の仕組みである。

(2)　「主体的・対話的で深い学び」は誰でも実践できる

　目指す授業は追求問題と解決が2つある流れである。1つ目の「追求問題」を解決した後，新たな視点として「深める追求問題」を設定し，問題の解決を図る。この深める追求問題は，新たな問題を提示するのではなく，導入問題や追求問題を活用して設定される。ある程度の解

決が図られた子どもたちに新たな視点を注入した問題として取り上げることで，子どもの追求意欲は高まり，主体的な深い学びが実現できる。実際，研究を進める中で，授業中の教師の働きかけは少なくなり，子どもが自ら問いをもち，深める追求問題を設定していく授業も多く見られるようになった。

　子どもの主体性を高め，算数を専門としない教師や経験の少ない教師でも自信をもって深い学びが実現できる授業を行うことができる。「主体的・対話的で深い学び」をどの学級でも実現できることが，本研究の授業スタイルの大きな特徴である。

3　目指す授業の仕立て方

(1)　授業の流れ

　2つの追求問題を取り入れた目指す授業の流れは，以下の通りである。

導入

　導入では，子どもの疑問や明らかにしたいことをもとにして追求問題を設定する。

　追求問題を設定するには，既習と本習の異同を明確にすることが重要である。既習と本習の違いを明確にすることで，焦点化された追求問題となる。さらに，子どもたちが見通しをもっていることが重要である。既習問題を想起させたり，学びの履歴が書いてある掲示物を確認させたりすることで，見通しをもちながら主体的に追求する子どもの姿を生み出すことができる。

展開

　展開では，追求問題の解決と深める追求問題の設定・解決を行う。

目指す授業の流れと教師の働きかけ

導入問題 → 疑問 → ◎追求問題 → 解決 → 新たな疑問 → ☆深める追求問題 → 解決 → まとめ ◎と☆の内容を含んだもの

導入／展開／終末

教師の働きかけ：教材・教具・発問・板書

　追求問題の解決では，一人学習を取り入れ，自分の考えをもたせる。その後，一斉学習を取り入れ問題解決を行う。ここでは，状況に応じてグループ学習を行ってから一斉学習を行うこともある。

　深める追求問題の設定では，追求問題を解決したことから生じた新たな疑問や追求したいこ

となどを取り上げ，深める追求問題を設定する。深める追求問題の解決では，グループ学習や一斉学習を取り入れ問題解決を行う。

一人学習では，自分の考えを絵や図，表，グラフ等，グループ学習では，ホワイトボード等を用いて互いの考えを可視化させることが有効である。一斉学習では，互いの考えを出し合いずれや重なりを検証する。その際，教師は教具，発問，板書等を工夫しながら学習内容の確かな定着と深い学びへの高まりを目指す。

終　末

終末では，2つの追求問題をもとに子どもたちが話し合いにより見いだしたことをまとめとして板書し，ノートに写させる。

深い学びのまとめは，本時の学習内容にかかわる知識・技能だけではなく，数学的な見方・考え方について書かれることが多い。一文にすると長くなってしまう場合は，箇条書きにして複数に分けて書くと分かりやすくなる。可能な限り短く，大事な内容を落とさず確実に書くことで，本時の学習内容を確実にまとめられるようにしていく。

(2)　教師の働きかけ

「主体的・対話的で深い学び」を実現させるには教師の働きかけの工夫が必要となってくる。わたしたちが，これまでに研究を進めてきた教師の働きかけは，「教材」「教具」「発問」「板書」の4つである。

3年「三角形と角」（本実践）で取り入れた4つの働きかけは，以下の通りである。

教　材

教材は，全国学力・学習状況調査の正答率が低い問題や日常の授業の中で子どもたちがよく間違える問題など，各種調査問題や日常の授業でつまずきやすい問題を活用するとよい。

本実践では，日常の授業の中でよく間違える問題として，長さが24cmの針金でどんな二等辺三角形がつくれるかを確かめる活動とした。子どもは，表を埋める活動の中で，「辺アや辺イが1減ると辺ウは2増える」など，変化の規則性を見いだすことができる。しかし，表の中には二等辺

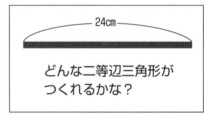

三角形がつくれない場合もあることに気が付く。二等辺三角形がつくれない場合を仲間と話し合い，検討する中で，三角形がつくれる条件を見いだすことができる。

教　具

教具は，二等辺三角形になる三辺の長さを考える表とした。表を使った教具は，子どもの思考を可視化したり，問題解決の手掛かりを掴むことを助けたりする。そのため，どのように活用していったらよいかが見える例が示されていたり，パッと見て変化が分かったりすることが大切である。本実践で言えば，以下の表である。

辺ア	1	2	3	4	5	6	7	8	9	10	11	12
辺イ								8				
辺ウ								8				

　表を使用することで，三辺の長さの変化が見えやすくなり，規則性に気付きやすくなったり，二等辺三角形がつくれる数値の範囲が視覚的に捉えやすくなったりする。表を使うことで，規則性に着目しやすくなるなど，数学的な見方・考え方を高めることができる。

▌発　問

　発問は，１時間の授業の中で厳選することが大切である。その中でもポイントとなる発問として，「追求問題を設定するための発問」と「深める追求問題を設定するための発問」を意図的に設定する。本実践で言えば，以下の２つである。

> 【 追求問題 設定場面】
> いろいろな二等辺三角形がつくれそうなの。
> 【 深める追求問題 設定場面】
> 二等辺三角形をつくれないところはどこかな。

　子どもたちの「どんな三角形ができるのかな。」という疑問から，授業前半で追求問題を設定する。表の中を埋め，満足している子どもたちに深める追求問題を授業後半に設定する。教材の特性と子どもの意識に沿って追求問題を設定することで，子どもの追求が連続する深い学びを実現することができる。

▌板　書

　板書は，全体を見ただけで１時間の流れが分かるようにしていく。本実践の場面ごとの板書は以下の通りである。

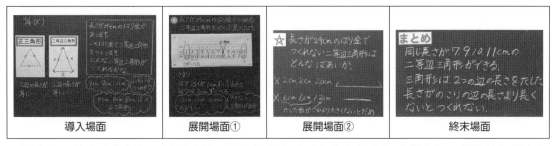

| 導入場面 | 展開場面① | 展開場面② | 終末場面 |

　板書は，基本３分割して活用する。どこに何を書くかをあらかじめ想定し，構造的な板書を心掛ける。

（佐藤　満）

1　板書計画を立てながら授業過程を組み立てよう

　板書は，１時間の授業の流れが一目で分かるように可視化されていることが重要である。また，子どもたちにとって考える手掛かりとなる分かりやすい板書になるよう心掛けたい。そのためにどのように板書するとよいかを以下に示す。

⑴　基本的な板書の構造

　板書にはいろいろな書き方があるが，本書では黒板を３分割して板書計画を立てることを推奨する。それぞれのエリアには以下の内容を書くとよい。

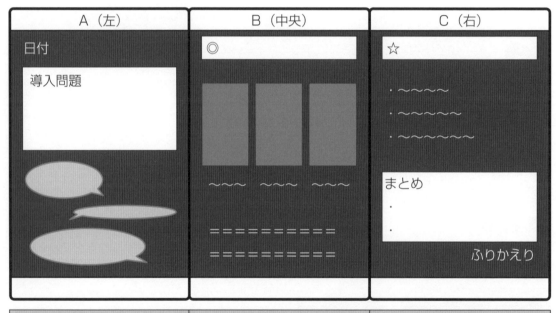

A（左）	B（中央）	C（右）
・日付 ・導入問題 ・既習や仲間の考えとのずれ，生じた問いや疑問（吹き出しなどを活用する）	・追求問題（◎） ・子どもたちの図，式，求め方など（ホワイトボードや画用紙を構造的に整理して貼る） ・子どもたちの気付き	・深める追求問題（☆） ・子どもたちの考え，気付き ・まとめ ・振り返り（プレートを活用する）

　あらかじめ黒板のどこに何を書くかを想定しておくと，書くスペースが足りなくなる事態も減らせる。板書が整理されて書かれていると，子どもたちは見通しをもって学習に臨めるだけでなく，教師も見通しをもって授業を進めることができる。

(2) 板書計画のつくり方

　板書計画は研究授業などで作成することが多いが，普段の授業でも作成することをお勧めする。板書計画ができると，必要な教具や子どもの考えを想定することができる。教師の主な発問などを加えると，指導案の代わりとして授業を進めることができる。作成した板書計画はファイリングしておき次回の実践に生かすとよい。

① 導入問題とまとめを決める

　本時で学習する導入問題を左上，まとめを右下に配置する。まとめは本時のねらいを含み，分かりやすい文章を心掛ける。内容が多くなる場合は，箇条書きにして複数に分けるのもよい。1時間のまとめを決めてから，授業の流れを順次考えるとよい。

② 追求問題・深める追求問題を決める

　追求問題（◎）を中央上に配置する。追求問題（◎）はまとめと整合し，短く分かりやすい言葉にする。本時の学習内容に深い学びを設定できそうな場合は，深める追求問題（☆）を設定し右上に配置する。まとめは，追求問題（◎）と深める追求問題（☆）の2つのまとめを箇条書きにする。

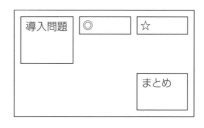

③ 子どもの考えを想定したり補助的学習を設定したりする

　追求問題（◎）に対する子どもの考えを中央に，深める追求問題（☆）に対する子どもの考えを右側に想定し，構造的に配置する。子どもの考えは4つ以内とする。本時の学習の見通しをもたせるため，既習事項の確認が必要な場合は，導入で既習事項の確認を行い，左下に問題の解決や必要事項を配置する。

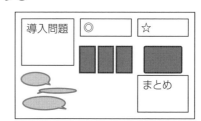

④ 必要な発問や教具を決める

　実際の授業を想定し，追求問題（◎）や深める追求問題（☆）を生むための中心となる発問を，板書のどの辺りで働きかけるかメモする。

　子どもが問題を考える際，必要な図や表などの教具を想定し，適切な位置に配置する。板書計画を立てることで必要な発問や教具が明確となり，授業構想がより緻密なものになる。

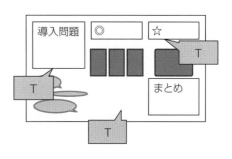

(3) 子どもの考えの位置付け方

　子どもの考えは構造的に板書する。子どもの考えの位置付けを工夫することで，全体での話し合いをより充実したものにすることができる。また，板書は常に固定的ではなく，子どもの考えの記録を移動させることもある。ホワイトボードや画用紙を黒板に貼るなど，移動のさせ方も含めて板書を構想しておくことが必要である。

① 対比的な位置付け

　基本的には，横に並列的に配置する。対比的に位置付けることで，多様な考えの異同が見えやすくなり，ずれや重なりを生かした話し合いがスムーズに進む。その際，画用紙やホワイトボードを活用すると，子どもの考えが視覚的に際立ち，より効果的である。

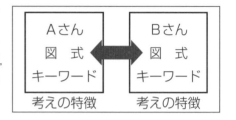

② 子どもの考えの移動

　横に並列で位置付けられた子どもの考えを移動させ，類型化する場合がある。類型化させる場合は，縦に並列で並べる。その際，色チョークで囲んだり，共通する方法を使ってネーミングをしたりするとより効果的である。

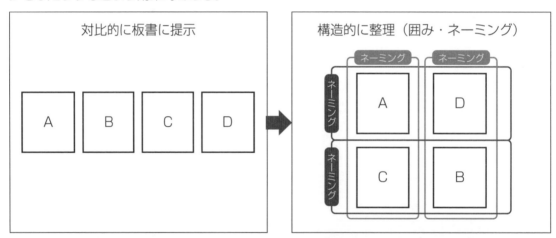

3年「表とグラフ」：板書　1枚目のグラフを2枚目の隣に移動させて，2枚のグラフを対比的に見せた板書

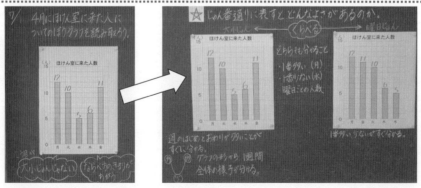

③　黒板への記述のさせ方

　子どもに自分の考えを直接黒板にかかせて発表させる場合は，字の大きさの目安やかいてよい黒板の範囲などをあらかじめ伝えておくとよい。字の大きさは，◎のプレート（約8㎝）を目安にすると，後方の席からも見えやすい。

　黒板には，自力解決でノートやワークシートなどにかいたことを全部かかせるのではなく，式や絵図，重要なキーワードをかかせるなど，必要最小限の内容をかかせる。必然的に言葉で説明を補わなければならない状況を生み出し，筋道立てて分かりやすく説明する力を育成する。

⑷　**板書のときに用意しておきたいもの**

　日常の授業でよく使う言葉や記号はラミネートをかけ，プレートにして常時黒板に貼っておく。また，単元の学習で繰り返し使う用語や考え方，公式などもラミネートをかけ，黒板の近くに常備しておくとよい。学習でよく使う用語や大事なキーワードを瞬時に提示することで授業のリズムを整えたり，常に大事なキーワードを意識させたりすることができる。

「◎」「☆」「まとめ」「ふりかえり」	単元でよく使うもの（用語，キーワードなど）	ネームプレート
		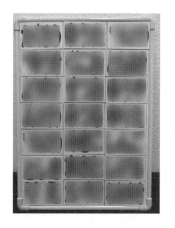
1文字5㎝程度で作成するとよい。	黒板の横に常備しておくとよい。	教室の後方の席からでも見える大きさで作成するとよい。

　子どもたちが学習で獲得した見方・考え方や，用語，公式などを画用紙や短冊にまとめて，黒板脇の壁面に掲示しておくとよい。子どもたちの学びの履歴は「技」や「アイテム」として蓄積される。また，単元が変わっても，既習事項を使って考えることができる子どもたちを育てることができる。

（小見　芳太郎）

2 深めたい子どもの数学的な見方・考え方を探ろう

　日本の学力実態は数学的な見方・考え方が弱いことが指摘され，算数・数学の授業の中で数学的な見方・考え方をはぐくむことが課題になっている。この課題を解決するためには，学習指導要領解説を大前提とした上で，子どもの思考の傾向や偏り，特性などについて多面的に捉えることが大切である。そこで，深めたい数学的な見方・考え方の探り方を以下に示す。

(1) 全国学力・学習状況調査の結果から

① 正答率が低い問題

　正答率が低い問題は，子どもにとっての理解が難しい内容でもある。つまり，数学的な見方・考え方を働かせながら知識・技能を獲得することが難しい内容と言える。

　例えば，平成28年度の全国学力・学習状況調査算数Ａの問題で，正答率が一番低かったのは右の割合の問題（51.2%）で，二重構造の数直線を使った問題である。二重構造の数直線の活用を図りながら，数学的な見方・考え方をはぐくむ授業を行っていくことが必要になる。

② 改善が見られない問題

　全国学力・学習状況調査では，継続的に出題されている問題がある。それは，正答率が低い問題の指導がどのように改善されているかを見るためである。

　例えば，小数のたし算やひき算の計算問題は，平成24年度から継続的に出題されており，末尾揃えにして筆算する誤答が多く見られる。整数のたし算やひき算，整数・小数のかけ算の筆算はすべて末尾揃えで筆算することから，子どもたちは同じように計算してしまう傾向がある。

　そこで，実際の授業では，たし算やひき算の計算原理にかかわる数学的な見方・考え方をはぐくむ授業が大切になってくる。

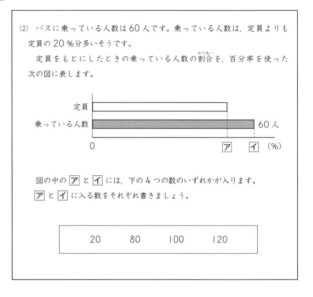

(2) バスに乗っている人数は 60 人です。乗っている人数は，定員よりも定員の 20 ％分多いそうです。
　定員をもとにしたときの乗っている人数の割合を，百分率を使った次の図に表します。

図の中の ア と イ には，下の 4 つの数のいずれかが入ります。
ア と イ に入る数をそれぞれ書きましょう。

| 20 | 80 | 100 | 120 |

算数Ａの問題と正答率

年度	問題	正答率	末尾揃えの誤答
H24	4.6−0.21	63.5%	10.3%
H25	0.75+0.9	71.5%	14.5%
H27	6.79−0.8	69.7%	13.0%
H28	4.65+0.3	77.3%	10.8%
H29	10.3+4	79.9%	14.7%

(2) 日常の授業の中での意外な反応から

① 図形の問題（位置関係）

図形学習の中でよく見られる子どもの意外な反応の一つとして，位置関係による図形の認識のずれが挙げられる。

例えば，2年「四角形」の学習では，正方形の学習を行うが，位置関係によって正方形を正しく認識できていないことがある。これは，数学的な見方・考え方が固定化されていると考えられる。

そこで，実際の授業では，日頃の図形学習では位置的に安定した形のみを扱うのではなく，時には位置関係を変えた図形も扱いながら，数学的な見方・考え方をはぐくむ授業を行うことが大切になってくる。

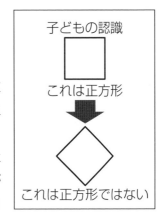

② 図形の問題（非典型的な図形）

図形学習の中で見えてくる子どもの意外な反応の一つとして，非典型的な図形の認識のずれも挙げられる。

例えば，2年「四角形」の学習では，4本の直線で囲まれた図形は四角形という学習を行うが，凹四角形は，四角形と認識できないことがある。これも，数学的な見方・考え方が固定化されていると考えられる。

そこで，実際の授業では，非典型的な図形を取り入れながら，数学的な見方・考え方をはぐくむ授業を行うことが大切になってくる。

(3) 意外なワークテストの結果から

予想外に正答率が低い問題

計算技能が身に付いても，意味理解が不十分なために予想外に誤答が多い問題がある。

例えば，5年「小数のかけ算」「小数のわり算」の学習では，多くの子どもが正しく小数の計算をすることができる。しかし，かける数やわる数が1より小さいときの答えの見積もりができず，かけ算は大きくなり，わり算は小さくなるという誤答が多い。これは，小数の計算への拡張が計算技能に偏っているためである。

そこで，実際の授業では，小数の計算の意味理解やかける数やわる数が異なるときの比較をしながら，数学的な見方・考え方をはぐくむ授業を行うことが大切になってくる。

> もとの数5より大きくなるのはどれかな。
> ア　5×1.2
> イ　5×1
> ウ　5×0.5
> エ　5×0.1

（下田　憲太郎）

3 教材・教具を通して子どもの理解を深めよう

授業の際にどのような教材を用いるかは，子どもの理解を促し深める上で重要なポイントである。また，教具は，子どもにとって思考を促し考える手掛かりになる重要なツールである。授業における教材・教具の活用について以下に述べる。

(1) デジタル教材とアナログ教材の活用

近年，デジタル教材の開発が進み，授業の中で多く取り入れられている。その一方で，デジタル教材の活用についての問題点も指摘されている。子どもの理解を深めるには，デジタル教材とアナログ教材を場面に応じて使い分け，活用することが重要である。

① デジタル教材のメリット（○）とデメリット（△）

○アニメーション等を活用し視覚的に分かりやすく提示できる。

○リピート機能を活用し繰り返し再現できる。

△記憶に残りにくい。

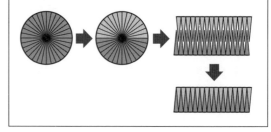

4年「円の面積」

② アナログ教材のメリット（○）とデメリット（△）

○状況に応じて臨機応変にかき加えができる。

○実際に触って確かめるなどの活動ができる。

△動的な動きが表せない。

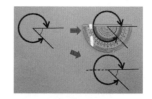

4年「角」

5年「速さ」：競走場面理解を促す教材

〈デジタル教材とアナログ教材〉

デジタル：速さの違う2人が競走場面でどちらが勝つかを考えるアニメーション

アナログ：2人の速さを考える二重構造の数直線

〈デジタル教材とアナログ教材の活用〉

導入では，速さが違う2人の競走を動画で見せる。「速さ」の学習では問題文に示されている数値だけではイメージできないことも，アニメーションを使えば容易にイメージできる。どちらが勝ったかを考える場面では，二重構造の数直線を使って時間と道のりの2量から速さを考える。

このように，デジタル教材とアナログ教材を場面に応じて使い分けることで視覚的に問題場面を把握させたり，論理的に2量の関係を捉えさせたりすることができ，子どもの理解を深めることができる。

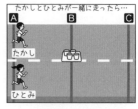

デジタル教材

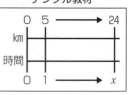

アナログ教材

(2) 教具の活用

〈効果的な教具の条件〉

・使い方がシンプルである……簡単に使い方の説明ができる。

・扱い易い…… 子どもにとって扱い易い大きさや材質である。

・多様な考えが引き出せる……子どもなりに創意工夫する余地がある。

・手軽につくれる……短時間でつくれ，経費がかからない。

2年「分数」：$\frac{1}{4}$ の大きさをつくる教具

紹介する教具は，線分を使って「分ける」・「折る」・「切る」操作を通して，見かけの形は違っても4等分した1つ分であれば等しく $\frac{1}{4}$ であることを気付かせる教具である。

○教具作成のポイント

・もとの大きさ1は10㎝程度の正方形にする。

・材質は切ったり折ったりできる用紙を使う。

・もとの大きさ1は細かいマス目に分けないで破線で4列4行の16マスに分ける。

・一人で複数枚使えるように用意する。

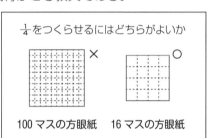

2年「大きな数のたし算とひき算」：筆算形式の習熟を図る教具

紹介する教具は，筆算指導の各段階に応じて子どもに使わせ，筆算形式の習熟を促すワークシートである。

【指導の前半】 ➡	【指導の中頃】 ➡	【指導の後半】
しき　　348－135	しき　　□□□－□□□	しき　　□□□－□□□
くらい　　(百)(十)(一) ひかれるかず　3 4 8 ひくかず　－□□□	くらい　　( )( )( ) ひかれるかず　□□□ ひくかず　－□□□	( )( )( ) □□□ －□□□

○教具作成のポイント

・筆算形式の慣れの程度に応じてワークシートをつくる。

・筆算形式に従って徐々に自分で書き入れる部分を多くしていく。

備考：作成したワークシートを事前に配付しておき，筆算の際に必ず使わせる。また，答え合わせは答えの正誤だけでなく，書き入れた各部分ごとに確認する。

（長井　茂）

4 子どもの追求を促し強める働きかけをしよう

　子どもの問題追求は直線的に一気に進むものではなく，行き詰まりや戸惑いを伴いながらジグザグとした過程をたどるものである。そうであるが故に，子どもの状況に応じて適切に対応することが教師に求められる。以下，深い学びを促す教師の働きかけについて述べる。

(1) かかわりをつくり出す

　学級の中には，自分の考えに固執したり，友達の考えのよさに目を向けなかったりする子どもがいる。自他の考えを交流させる場をつくり，互いに学び合う関係をつくり出す。

① 考えの異同を対比的に示す

　考えの異同を示すには，複数の考えを構造的に板書して比べやすくすることが重要である。図・表・式などを使って，気付きやすくするとよい。

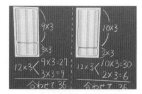

2年「かけ算」

② 子どもの考えを分かりやすく整理する

　子どもの考えを整理するには，どこが問題になっているのかを板書や発問で整理することが大切である。板書では，マジックやチョークなどで色を付けて整理するとよい。

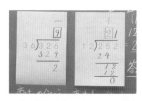

4年「2けたでわるわり算」

③ 友達の考えに対する受け止めについて発表を促す

　友達の発言に対して，自分はどう考えるかを問いかける。発表させる際には，友達の考えと同じなのか，違うのかをはっきりさせて発表させるとよい。

教師の
発問例

・Aさんに教えてあげたいことはないの。
・Aさんの考えについてどう思ったの。

(2) 追求意欲を高める

　学級の中には，自分から進んで発表しなかったり，つまずきや混乱により追求が停滞してしまったりする子どもがいる。子どもを認め励まし自信をもたせ主体的な学びを支えていく。

① 取組を称賛する

　話し合いの場面では，どんな発言も認められることが大切である。間違った発言に対しても教師が積極的に称賛するとよい。

教師の
声掛け例

・自分の考えをしっかり発表できてすばらしい。
・Bさんが発言してくれたからみんなもよく理解
　することができたよ。

② 子どもの考えを真剣に最後まで聞く

教師はもちろんのこと，子どもたちも最後まで話し手の方を向いて話を聞くことが大切である。年度当初に話し方や聞き方などの「学びのルール」を決めておくとよい。

③ 助言する

追求が停滞した場合，教師は個別や全体に対して助言を行い，追求意欲を高める必要がある。学級全体が停滞している場合は，個別の助言では時間がかかるので，活動を止めて教師に注目するよう指示し，全体に対して助言するとよい。

教師の助言例

・困っていることは何かな。
・○○でやってみたらできるかな。

(3) 授業にテンポとリズムをつくり出す

子どもの活動時間が適切でなかったり，教師の声のトーンが単調になったりすることで授業が間延びしてしまい，集中力が持続しなくなってしまう。メリハリのある働きかけと山場のある授業構成で追求意欲をかき立てる。

① 発問に間をもたせる

発問は短く，分かりやすい言葉にする。子どもに考える時間をつくるために，教師が発問した後に間をもたせる必要がある。間の中で表出してくる子どもの発言やつぶやきを生かしながら授業を進める。

教師の発問例

・どうやると求められるのかな…
・どんなきまりがあるのかな…

② 発問に緩急を付ける

発問はトーンを変えることで子どもの集中力を高めることができる。子どもの状況に応じて声の大きさや話し方の速さなどを変えることが重要である。

緩急の付け方

・意欲が高まっているときは，少し速く大きめの口調で
・考えさせたいときは，ゆっくり小さめの口調で

③ 活動に無意味な時間をつくらない

授業では，自力解決やグループ活動，全体の話し合いなど１時間の時間配分が重要である。日常から子どもの実態を把握し，問題や活動の難易度に適した時間を設定する。活動時間は，タイマーなどで子どもたちが確認できるようにするとよい。

（太田　裕樹）

第 2 章
Chapter2

主体的・対話的で深い学びを実現する追求問題＆板書モデル

1 どこからけいさんするのかな

教　材	なぜひき算は前から順に計算しないといけないのかを見いだす活動
教　具	たし算のみ，ひき算のみの3口の問題のアニメーション／問題場面の絵

 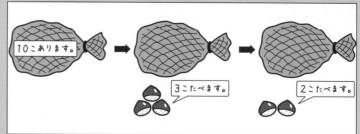

【追求問題】

追　求　問　題	◎ひき算も，式の前からでも後ろからでも計算していいのかな。
深める追求問題	☆後ろから計算しないわけを見付けよう。

本時における深い学び

　ひき算だけの3口の計算は，後ろから計算すると答えが変わってしまうから前から順に計算する。

　導入問題「10個あります。3個食べました。2個食べました。残りは何個になりますか。」を提示する。この問題は，問題場面の時間的順序に従って正しく立式し，順序よく計算する学習である。しかし，たし算は計算の順序を変えても答えが同じになることから，子どもたちは，ひき算も計算の順序を変えて計算してもよいのか迷ってしまう。

　3口の計算の式・問題文の言葉・図やブロック等を相互に関連付けながら計算の順序を考える活動を通して，問題場面に即して計算しなければいけないことに気付かせ，たし算やひき算の計算の規則についての理解を深めたい。

■単元計画（本時　2／3　時間目）

・3つの数のたし算をしよう。（1時間）

・3つの数のひき算をしよう。（1時間）

・ひき算とたし算が混じった計算をしよう。（1時間）

板書事項	❶既習事項の確認（たし算だけの３口の計算問題），導入問題（ひき算だけの３口の計算問題） ❷追求問題，ひき算だけの３口の式，図など ❸深める追求問題，問題解決をしたときの子どもの気付きなど ❹まとめ

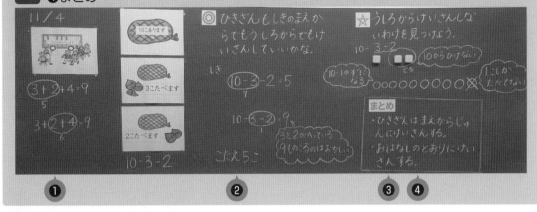

■授業の計画

導入	T	（導入問題）どんな式になるのかな。
	C	ひき算の問題だ。「10−3−2」だよ。
	C	「3−2」から計算すればいいけど，できるのかな。計算してみたいな。
	追求問題	◎ひき算も，式の前からでも後からでも計算していいのかな。
展開	T	前からの計算と後ろからの計算の両方をやってみよう。
	C	前から計算したときは，「10−3＝7」で「7−2＝5」になったよ。
	C	後ろから計算したときは，「3−2＝1」で「10−1＝9」になったよ。
	C	最初に3，次に2も減っているのに，9も残るのはおかしい。前から計算するんだよ。
	T	後ろから計算するとおかしくなることをどうしたら説明できるかな。
	C	今までみたいにブロックとかを使えば説明できそうだよ。
	C	図をかけば説明できそう。
	深める追求問題	☆後ろから計算しないわけを見付けよう。
	T	後ろから計算してはいけないわけは説明できそうかな。
	C	ブロックで考えたら，3個食べて2個食べたから5個食べたことになるのに，後ろから計算すると食べた3個を2個食べることになっておかしいよ。
	C	「10−1」の図はかけたけど，最初に3個，次に2個食べることとは違うよ。
	C	お話の文と合わなくなるよ。お話の通りに計算していかないとだめだよ。
終末	T	今日，分かったことは何かな。
	C	ひき算は前から順に計算する。
	C	お話の通りに計算する。

■授業の実際

導　入（板書❶）

　最初に既習である３口のたし算の復習をした。ここで，式の前からでも後ろからでも計算すると答えは同じになることを確認した。その上で，本時の導入問題「10個あります。３個食べました。２個食べました。」と問題場面の絵を提示し「どんな式になるのかな。」と働きかけた。

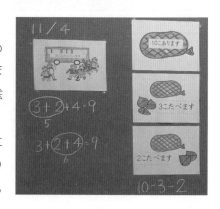

　子どもたちは「ひき算の問題だ。10－３－２だよ。」「たし算のときみたいに前からでも後ろからでも計算できそうだよ。」などと発言した。ここで，以下のように発問した。

　　ひき算も後ろから計算していいのかな。

　　「３－２」から計算すればいいけど，できるのかな。計算してみたいな。

　子どもたちは「たし算のときのように後ろから計算できるかもしれない。」という見通しをもち，「前からも後ろからも計算してみたい。」という追求意欲を高めたところで，追求問題「◎ひき算も，式の前からでも後ろからでも計算していいのかな。」を設定した。

展　開（板書❷❸）

　子どもたちが計算する際に，教師は「前からの計算と後ろからの計算の両方をやってみよう。」と働きかけた。

　Aさんは次のように発言した。

> 前から計算したときは，「10－３＝７」で「７－２＝５」になったよ。

　Bさんは次のように発言した。

> 後ろから計算したときは，「３－２＝１」で「10－１＝９」になったよ。

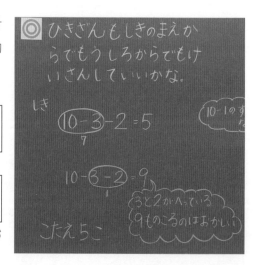

　すると，子どもたちは「答えが２つあるなんておかしいよ。」「最初に３，次は２も減っているのに，９も残るのはおかしいよ。」「前から計算するのが正しいね。」などと発言した。

残った数字の大きさから推測して，後ろから計算する方法が間違っていることに気が付いた子どもたちに教師は以下のように発問した。

> 後ろから計算するとおかしくなることを
> どうしたら説明できるかな。

> 今までみたいにブロックとかを
> 使えば説明できそうだよ。

　他の子どもも「図をかいて説明したい。」と発言した。子どもたちが「なんで後ろから計算すると答えが合わなくなるのかはっきりさせたい。」という追求意欲を高めたところで，深め

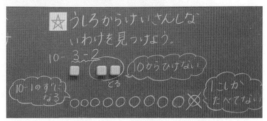

る追求問題「☆後ろから計算しないわけを見付けよう。」を設定した。子どもたちはブロックや図を使って考えたり，問題文を確認したりしながら考え始めた。子どもたちが自分の考えをもったところで教師は次のように発問した。

> 後ろから計算してはいけないわけは説明できそうかな。

　「ブロックで考えたら，３個食べて２個食べたから５個食べたことになるのに，後ろから計算すると食べた３個を２個食べることになっておかしいよ。」「ひく２を先に計算すると，３－２で食べたのは１個になってしまう。」「『10－1』の図はかけたけど，最初に３個，次に２個食べることとは違うよ。」などと発言した。そしてＣさんは次のように発言した。

> お話の文と合わなくなるよ。お話の通りに計算していかないとだめだよ。

　子どもたちは，ひき算だけの３口の計算は，後ろから計算すると問題文とも図とも答えが合わなくなるため，問題場面の時間的順序と計算の順序は同じであることに気付き，前から順に計算していくことで正しい答えが導き出されることを見いだした。

終　末（板書❹）

　子どもたちは，ひき算だけの３口の計算を前と後ろから計算し，式・言葉・図を相互に関連付けながら計算の順序を考える活動から，「問題場面に即して計算しなければいけない。」という理解に加え，「３口のひき算だけの計算は，後ろから先に計算すると答えが変わってしまうから前から順に計算しなければいけない。」という深い学びを獲得した。

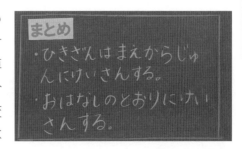

（長谷川　理恵）

2 「ちがいは」はひきざんになるのかな

教 材	なぜ「ちがいは」の問題はひき算になるのか話し合う活動
教 具	ひき算の２つの問題場面の絵

①ダンゴムシが７ひきいます。６ぴきつかまえました。のこりはなんびきでしょうか。

②コオロギが９ひきいます。バッタが７ひきいます。ちがいはなんびきでしょうか。

【追求問題】

追 求 問 題	◎「ちがいは」の問題は何算かな。
深める追求問題	☆「ちがいは」の問題もひき算になるわけは。

本時における深い学び

　「ちがいは」の問題は，「のこりは」の問題とブロックの動かし方が似ているから，ひき算で計算できる。

　導入問題「①②の２つの問題があります。それぞれの問題はどんな計算になるのかな。」を提示する。この問題は，学校の広場にいる生き物をブロックや絵カードに置き換えながら，計算の意味や手順を考える学習である。しかし，子どもは「どちらが何匹多い」「どちらが何匹少ない」「違いは何匹」などの言葉だけに着目して計算しており，理由を尋ねると説明の仕方に迷ってしまう。

　求めたい数値はどのような計算で求めることができるのか，どのような操作になるのかを話し合い，ブロックや絵カードを使った操作活動を通して，それぞれの問題がひき算になることを見いだすとともに，それぞれの求差の場面が似た操作をしていることに気付かせ，ひき算の意味理解を深めたい。

■単元計画（本時　５／10　時間目）

・学校の広場にいる生き物の数を調べよう。（３時間）

・学校の広場にいる生き物の数を比べよう。（４時間）

・学校の広場の生き物の数調べをもとにして，いろいろなひき算をしよう。（３時間）

板書事項

❶既習事項の確認（求残の問題），導入問題（求残の問題）

❷追求問題，「ちがいは何匹」の式と答え

❸深める追求問題，「ちがいは何匹」をひき算にしてもよい理由

❹まとめ

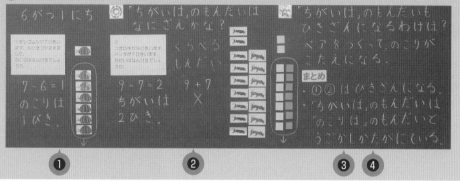

■授業の計画

導入	T	（導入問題）①と②の問題はどんな計算になるのかな。
	C	①の問題は「のこりは」で，なくなる問題だから，ひき算になる。
	C	②の問題は「ちがいは」という言葉がある。何算になるのかな。
	追求問題 ◎「ちがいは」の問題は何算かな。	
展開	T	ブロックや絵カードを使って何算になるのか確かめてみよう。
	C	「ちがいは」ということは，虫の数を比べるのだな。
	C	たし算にすると，問題に合わない答えになる。
	C	「ちがいは」の問題は，2匹違うと言えるから，ひき算でいいと思うよ。
	T	②の問題はなくなるわけではないのに，どうしてひき算になるのかな。
	C	比べることと，なくなることは意味が違うのかな。
	C	確かに，なくなっていないし，「ちがいは」という言葉はなくなってないし，「のこりは」と聞かれていない。
	深める追求問題 ☆「ちがいは」の問題もひき算になるわけは。	
	T	「ちがいは」の問題が，ひき算と言えるわけは何かな。
	C	ブロックを並べて，ペアをつくってひいていくと，残った2匹が答えになる。
	C	「ちがいは」の問題は，「のこりは」の問題とブロックの動かし方が似ているからひき算でいいよ。
終末	T	今日分かったことは，どんなことかな。
	C	「ちがいは」の問題は，ひき算になる。
	C	「ちがいは」の問題は，「のこりは」の問題とブロックの動かし方が似ているから，ひき算で計算できる。

■授業の実際

導　入（板書❶）

　最初に，前時に取り組んだ「のこりは何匹」の問題を
確認した。子どもたちは「ひき算には他にもいろいろな
問題がありそうだから，もっと難しい問題をやってみた
い。」と発言した。そこで，本時の導入問題①「…のこ
りは何匹でしょうか。」，②「…ちがいは何匹でしょう
か。」を提示した。そして「どんな計算になるのかな。」
と，絵カードを提示しながら子どもたちに働きかけた。

　子どもたちは「①の問題は『のこりは』で，なくなる問題だから，ひき算になる。」「②の問
題は『ちがいは』という言葉がある。何算になるのかな。」などと発言した。ここで，教師は
以下のように発問した。

何を使えば，何算になるのか
確かめることができそうかな。

前みたいに，ブロックや
絵カードを使えばいい。

　子どもたちが「ブロックや絵カードを使えば，何算になるのか分かりそうだ。」と追求意欲
を高めたところで，追求問題「◎『ちがいは』の問題は何算かな。」を設定した。

展　開（板書❷❸）

　教師は「ブロックや絵カードを使って何算になるのか確かめてみよう。」と働きかけた。

　Aさんは，ブロックを並べ直して2つの量を整
理しながら，次のように発言した。

> 「ちがいは」ということは，虫の数を比べる
> のだな。

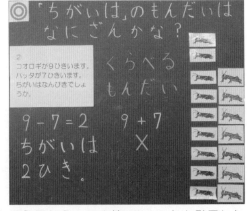

　Bさんは，問題文の言葉に着目しながら，意味
を考えて発言した。

> たし算にすると，問題に合わない答えになる。
> 9＋7をすると，最初にいた虫の数より多く
> なってしまう。

　他の子どもは「『ちがいは』の問題は，2匹違うと言えるから，ひき算でいい。」と発言した。

Grade 1

Grade 2

Grade 3

Grade 4

Grade 5

Grade 6

ブロックや絵カードを用いながら説明し合う中で，子どもたちは「ちがいは」の問題には，比べる言葉があること，たし算にすると問題場面に合わないことからひき算を用いてもよいと考えた。①②の両方の問題の計算方法が分かり満足している子どもたちに，教師は以下のように発問した。

②の問題はなくなるわけではないのに，どうしてひき算になるのかな。

比べることと，なくなることは意味が違うのかな。

また，他の子どもたちも「確かに，『ちがいは』という言葉はなくなっていないし，『のこりは』と聞かれていない。」と発言した。子どもたちが「②の問題は，ひき算になるわけをはっきりさせたい。」と追求意欲を高めたところで，深める追求問題「☆『ちがいは』の問題もひき算になるわけは。」を設定した。

子どもたちは，なぜひき算をしてもよいのか，ブロックや絵カードを用いた操作の仕方を話し合った。話し合いの後，教師は以下のように発問した。

「ちがいは」の問題が，ひき算と言えるわけは何かな。

子どもたちは「『ちがいは』は，比べるという意味になる。」「ブロックを並べて，ペアをつくってひいていくと，残った2匹が答えになる。」などと発言した。そして，Aさんは以下のように発言した。

「ちがいは」の問題は，「のこりは」の問題とブロックの動かし方が似ているからひき算でいいよ。

子どもたちは，ブロックや絵カードの操作と比較し，求差もブロックや絵カードで操作すると，求残や求補と同様にひき算で求められることを説明することができた。そして，求差の意味を理解することができた。

終　末（板書❹）

個数の差を求める問題場面において，なぜひき算を用いるのか，ブロックや絵カードを用いた表し方を話し合う活動を通して「『ちがいは』の問題は，ひき算になる。」という理解に加え，「『ちがいは』の問題は，『のこりは』の問題とブロックの動かし方が似ているから，ひき算で計算できる。」という深い学びを獲得した。

（藤井　大輔）

3 かたちのとくちょうでなかまわけしよう

教　材	四角柱，円柱，球を形状の特徴と機能的な性質で弁別する活動
教　具	四角柱，円柱，球の積み木／見取り図

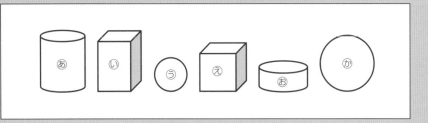

【追求問題】

追　求　問　題	○形の特徴で仲間分けしよう。
深める追求問題	☆なぜ，積んだり，転がしたりできるのかな。

本時における深い学び

重ねて積み上げられる形には平らなところがあり，転がる形には丸いところがある。

　導入問題「6つの形を，いくつの仲間に分けられるかな。」を提示する。この問題は，身の回りにあるものの形の色，大きさ，材質を捨象してきた子どもたちが，形を弁別する学習である。子どもたちは，「しかく」「まる」といった形状の特徴と，「積める」「転がる」といった機能的な性質による弁別の意識は弱い。

　6つの形を似ている形同士で2つのグループに分ける活動を通して，重ねて積める形には平面があり，転がる形には曲面があることに気付かせ，身の回りにあるものの形状の特徴と機能的な性質の理解を深めたい。

■単元計画（本時　3／6　時間目）

・集めてきたものを積んで遊んでみよう。（2時間）

・形の特徴で仲間分けしよう。（1時間）

・写し取った形から，形を当てることはできるかな。（1時間）

・形当てクイズをつくって，クイズ大会を開こう。（2時間）

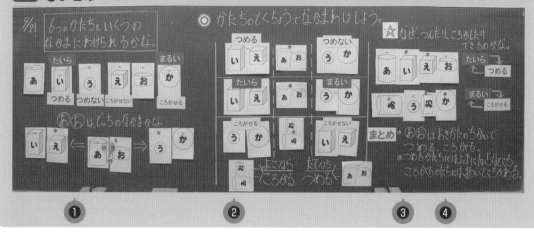

板書事項

❶導入問題，見いだしてきた形状の特徴と機能的な性質の既習事項の確認

❷追求問題，仲間分けした２つのグループ，円柱への気付き

❸深める追求問題，積める形と転がる形の形状の特徴と機能的な性質への気付き

❹まとめ

■授業の計画

導入	T	（導入問題）６つの形を，いくつの仲間に分けられるかな。
	C	丸い形と，四角い形に分けられそうだ。
	C	㋐㋔（円柱）は，㋑㋓（四角柱）の仲間かな，㋒㋕（球）のどっちの仲間かな。
	追求問題	◎形の特徴で仲間分けしよう。
展開	T	積み木を使って分けてみよう。
	C	「積める形」と「積めない形」，「転がる形」と「転がらない形」もできた。
	C	㋐㋔（円柱）は，積むこともできて，転がすこともできる特別な形なんだね。
	T	㋐と㋔の形に迷った人もいるようだね。どうしてかな。
	C	縦にすると平らで積めるけれど，横にすると丸くて転がるから。
	C	縦のときと横のときに違いがある。
	深める追求問題	☆なぜ，積んだり，転がしたりできるのかな。
	T	積める形と転がる形の違いは，どこを見るとよいのかな。
	C	積み木の上と下を見て，どちらも平らなところがあったら積める形だよ。
	C	置いたときに下が丸いと転がる形と言えるね。
終末	T	今日，分かったことはどんなことかな。
	C	㋐㋔（円柱）は置き方の違いで「積める」「転がる」。
	C	積める形には上と下に平らなところがあり，転がる形には丸いところがある。

■授業の実際

用意する教材・教具

板　書：あ〜かの四角柱，円柱，球の見取り図／形の特徴を記したカード／マジック

子ども：個々に分けた四角柱，円柱，球の見取り図／各班に積み木セット

導　入（板書❶）

　最初に，集めてきた身の回りにある箱等を積んだり組み合わせたりしながら遊ぶ中で，見付けてきた形状の特徴「平ら」「丸い」と機能的な性質「積める」「転がる」という既習事項を復習した。その上で，本時の導入問題「6つの形を，いくつの仲間に分けられるかな。」と子どもたちに働きかけた。

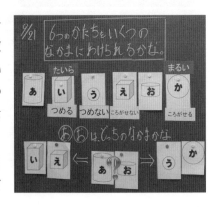

　子どもたちは「丸い形と，四角い形に分けられそうだ。」「だったら，積める形，積めない形でもできるかな。」などと発言した。ここで，教師は以下のように発問した。

 　困っていることはあるかな。

　あお（円柱）は，いえ（四角柱）の仲間かな，うか（球）のどっちの仲間かな。

　子どもたちは「あお（円柱）の仲間分けは，前時までに見いだしてきた形の特徴に着目したらできそうだ。」という見通しをもち，「円柱はどの仲間に入るのか。」という追求意欲を高めたところで，追求問題「◎形の特徴で仲間分けしよう。」を設定した。

展　開（板書❷❸）

　子どもたちが6つの形を2つの仲間に分ける活動を行う際に，教師は「積み木を使って分けてみよう。」と働きかけた。

　Aさんは，機能的な性質に着目した。

> 「積める形」と「積めない形」，「転がる形」と「転がらない形」もできた。

　Bさんは，形状の特徴に着目した。

> 「平らなところがある形」と「丸いところがある形」でも分けることができたよ。

子どもたちは，形の違いに着目しながら，次のように仲間分けした。

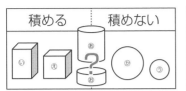 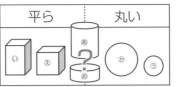 

「あお（円柱）は，積むこともできて，転がすこともできる特別な形なんだね。」と，置き方によって変わる円柱の仲間分けを確定させた子どもたちに，教師は以下のように発問した。

 あとおの形に迷った人もいるようだね。どうしてかな。

縦にすると平らで積めるけれど，横にすると丸くて転がるから。

「縦のときと横のときに違いがある。」と，円柱の仲間分けの検討を通して，積んだり転がしたりできる形と面の形状（「丸い」「平ら」）とのつながりに着目してきた。子どもたちの「積める形と，転がる形には，どんな違いがあるのか考えてみたい。」という追求意欲を高めたところで，深める追求問題「☆なぜ，積んだり，転がしたりできるのかな。」を設定した。

子どもたちは，積み木を使って，四角柱と球，円柱との形の違いを話し合った。話し合いの後，教師は以下のように発問した。

 積める形と転がる形の違いは，どこを見るとよいのかな。

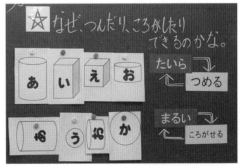

子どもたちは「積み木を置いたときに平らだったら積める。」「積み木の上も下も平らだったら，どんどん積める。」などと発言した。そして，Cさんは以下のように発言した。

積み木の上と下を見て，どちらも平なところがあったら積める形だよ。

子どもたちは「置いたときに下が丸いと転がる形と言えるね。」と発言するなど，形状の特徴と機能的な性質のつながりを見いだすことができた。

終末（板書❹）

子どもたちは，四角柱，円柱，球を形状の特徴と機能的な性質で弁別する活動から「あおは置き方の違いで『積める』『転がる』。」という理解に加え，「積める形には上と下に平らなところがあり，転がる形には丸いところがある。」という深い学びを獲得した。

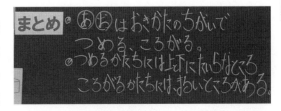

（笠原　知明）

4 にんきがあるのはなにがかりかな

教 材	子どもたちが希望する2学期の係活動を調査する活動
教 具	希望する係活動を書いたカード

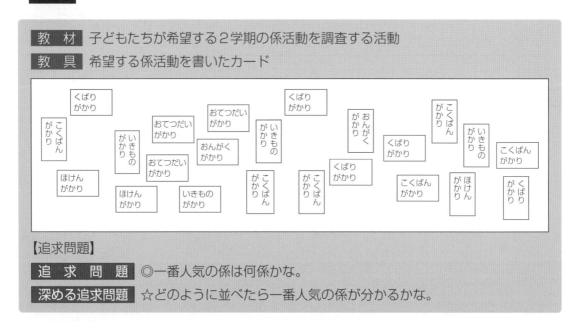

【追求問題】

追 求 問 題	◎一番人気の係は何係かな。
深める追求問題	☆どのように並べたら一番人気の係が分かるかな。

本時における深い学び

数を並べて比べるとき,1つ分の大きさを揃えて並べる。

導入問題「2学期の係活動は何係に入りたいですか。」を提示する。この問題は,どの係が人気なのか,子どもたちが書いた希望する係のカードを分類整理する方法を考える学習である。しかし,子どもたちは,視覚的に分かりやすく捉えるために分類整理することやデータを読み取って考察することの意識は弱い。

子どもたちの学校生活と学習内容を関連付け,係の順位を考える活動や自分事として捉えながらデータを読み取って考察する活動を行う。これらの活動を通して,分類整理された図から一目で大小が分かるようにするためには,同じ大きさのものを並べなければならないというグラフの基本についての素地を養いたい。

■単元計画(本時 1／2 時間目)

・何係が人気かな。(1時間)

・学級で人気ものを調べよう。(1時間)

❶導入問題，2学期に入りたい係活動

❷追求問題，2学期に入りたい係活動のカードを分類整理したもの

❸深める追求問題，分類整理するための子どもの気付き

❹まとめ

板書事項

■授業の計画

導入	T	（導入問題）2学期の係活動は何係に入りたいですか。
	C	配り係に入りたい。
	C	黒板係をやってみたい。
	追求問題 ◎一番人気の係は何係かな。	
展開	T	どうやったら一番人気の係かが分かるかな。
	C	係ごとに並べれば分かるよ。
	C	並べて一番長いのが，人気な係だよ。
	T	どの係が人気か分かりやすくなったかな。
	C	カードの向きが揃ってないから分かりにくいよ。
	C	同じ数なのに長さが違うよ。
	深める追求問題 ☆どのように並べたら一番人気の係が分かるかな。	
	T	並べ方はどのようにしたかな。
	C	カードの縦と横の向きを揃えて並べると分かる。
	C	カードとカードの隙間を空けずにぴったりとくっつける。
	T	どんなことが分かるようになったかな。
	C	黒板係が一番人気だ。黒板係になれないかもしれない。
	C	お手伝い係に希望している人は少ないから入れそう。
終末	T	今日の分かったことは何かな。
	C	縦横を揃えて並べると黒板係が一番人気なのが分かった。
	C	数を並べて比べるとき，1つ分の大きさを揃えて並べる。

■授業の実際

導　入（板書❶）

　1学期の係活動を振り返り，どんな係活動を行ってきたのかを子どもたちと確認した。そして，本時の導入問題「2学期の係活動は何係に入りたいですか。」と子どもたちに働きかけた。

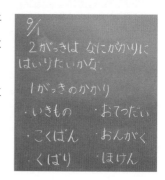

　子どもたちは，「また配り係に入りたい。」「黒板係をやってみたい。」などと発言した。ここで，教師は以下のように発問した。

 どの係が一番人気かな。

黒板係が一番人気だと思う。

　子どもたちは，「いろいろなお手伝いができるお手伝い係は人気があると思うな。」などの発言を聞き，それぞれが人気になりそうな係を予想した。「どの係が人気なのか調べてみたい。」という追求意欲を高めたところで，追求問題「◎一番人気の係は何係かな。」を設定した。

展　開（板書❷❸）

　教師は，カードを子どもたちに配り，書き方を指定せず希望する係名をカードに書かせ，書き終わった子どもから黒板に貼らせた。全員が希望をする係名を書いたカードを黒板に貼ったところで，教師が「どの係が一番人気か分かったかな。」と聞くと，子どもたちは「黒板係が一番多いかな。」「配り係が多そうだけど，このままじゃ分からない。」などと発言した。そこで，「どうやったら一番人気の係かが分かるかな。」と働きかけた。

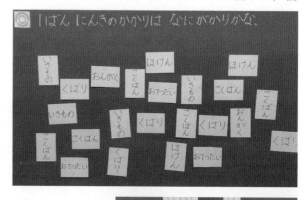

　Aさんは，黒板を見つめながら考え込み，次のように発言した。

係ごとに並べれば分かるよ。

　続いてBさんが発言した。

並べて一番長いのが，人気な係だよ。

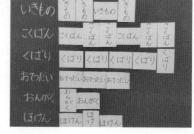

子どもの発言を受けて，カードを係名が書かれた向きに揃えながら並べた後，教師は次のように発問した。

 どの係が人気か分かりやすくなったかな。

カードの向きが揃ってないから分かりにくいよ。

　「同じ数なのに長さが違うよ。」「黒板係と配り係は，同じ長さに見えるけど，数が違うよ。」
など，子どもたちから発言が続いた。並べ方について
検討したいという追求意欲を高めたところで，深める
追求問題「☆どのように並べたら一番人気の係が分か
るかな。」を設定した。

　そして，教師は次のように発問した。

 並べ方はどのようにしたかな。

カードの縦と横の向きを揃えて並べると分かる。

　他にも「カードの縦と横の長さが違うか
ら揃えないといけない。」「カードとカード
の隙間を空けずぴったりとくっつける。」
と発言が続いた。子どもたちの発言を受け
て，教師は向きを揃えてカードを並べ「ど
んなことが分かるようになったかな。」と
働きかけた。子どもたちは「黒板係が一番
人気だ。黒板係になれないかもしれない。」
「お手伝い係に希望している人は少ないか
ら入れそう。」などと発言した。

終　末（板書❹）

　子どもたちは，希望する係活動を調査
し，分類整理する活動から，「縦横を揃
えて並べると黒板係が一番人気なのが分
かった。」という理解に加え，係の大小
を読み取った。また，分類整理されたも
のを自分事として捉えながら考察することができた。そして，「数を並べて比べるとき，1つ
分の大きさを揃えて並べる。」という深い学びを獲得した。

（下田　憲太郎）

1 どうやって長さの計算をするのかな

教　材　2本のテープを合わせた長さを同じ単位ごとに計算する活動
教　具　2cm5mmのテープと6cm4mmのテープがかかれたワークシート／
　　　　児童用の2cm5mmのテープと6cm4mmのテープ／
　　　　ものさし／板書用のテープ

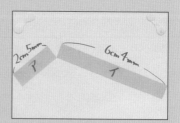

【追求問題】
追　求　問　題　◎2本のテープをつなげて長さを測ろう。
深める追求問題　☆どうすれば，計算で長さを求めることができるかな。

本時における深い学び

　2cm5mmのテープと6cm4mmのテープをつなげると，テープの長さは，2cm＋6cmと5mm＋4mmで8cm9mmになる。

　導入問題「ア（2cm5mm）とイ（6cm4mm）のテープをつなげた長さはどうやって測ればよいかな。」を提示する。この問題は，2本のテープをつなげることで，1本のテープの長さとして測ることができ，長さは合わせてよいということを見いだす学習である。これまで，数の加法・減法を学習してきているが，この単元で初めて単位の付いた数量の計算を学習する。ここでの学習は，量と量をたしたりひいたりすることができるという捉えは弱く，安易に計算で数量を求めてしまうことが多い。

　2本のテープをつなげて長さを測る活動を通して，長さは合わせてよいということを見いだすとともに，同じ単位ごとに計算することへの理解を深めたい。

■単元計画（本時　7／8　時間目）

・長さの表し方を調べよう。（4時間）

・身の回りの物の長さを調べよう。（2時間）

・長さの計算の仕方を考えよう。（1時間）

・学習を振り返り身に付けよう。（1時間）

板書事項	❶導入問題（テープの長さを測る活動）
	❷追求問題，テープのつなげ方への気付き，2本のテープをつなげた図，2本の テープをつなげた長さの確認
	❸深める追求問題，単位ごとに計算できることの気付き，単位ごとに縦に揃えた計 算
	❹まとめ

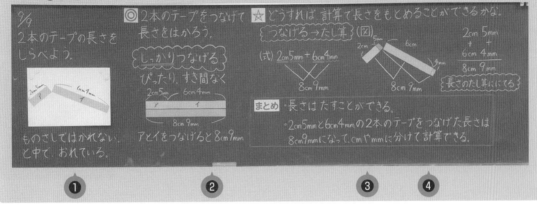

■授業の計画

導入	T	（導入問題）アとイのテープをつなげた長さはどうやって測ればよいかな。
	C	ものさしでは測れないね。
	C	テープを動かしてつなげれば，ものさしで測れそうだよ。
		追求問題　◎2本のテープをつなげて長さを測ろう。
展開	T	2本のテープはどんなつなげ方でもよいのかな。
	C	ぴったりと隙間なくつなげないとだめだよ。
	C	アとイのテープをつなげると，8cm9mmになった。
	T	テープを動かさないで長さを求める方法はないのかな。
	C	つなげるのだから，たし算で求めることができるかもしれない。
	C	長さって，どうたせばいいのかな。
		深める追求問題　☆どうすれば，計算で長さを求めることができるかな。
	T	どんな計算をしたのかな。
	C	cmとcm，mmとmmをたしたよ。
	C	長さのたし算は，cmとcm，mmとmmで分けて計算すれば，求められるね。
終末	T	今日，分かったことはどんなことかな。
	C	長さはたすことができる。
	C	2cm5mmと6cm4mmの2本のテープをつなげた長さは，8cm9mmになって，cmやmm に分けて計算できる。

■授業の実際

導　入（板書❶）

　最初に「２本のテープの長さを調べよう。」と２本のテープが貼って
あるワークシート（後でテープがはがせて動かせるもの）を子どもたち
に配り，黒板に拡大したものを提示した。ものさしで測ってワークシー
トの２本のテープがそれぞれ２㎝５㎜と６㎝４㎜であることを子どもた
ちと確認した。その上で，本時の導入問題「ア（２㎝５㎜）とイ（６㎝
４㎜）のテープをつなげた長さはどうやって測ればよいかな。」と子ど
もたちに働きかけた。

　子どもたちは「ものさしでは測れないね。」「テープが途中で折れちゃっ
ているからね。」などと発言した。ここで，教師は以下のように発問した。

> どうやったら，テープの長さが
> 調べられそうかな。

> テープを動かしてつなげれば，
> ものさしで測れそうだよ。

　子どもたちが「つなげた２本のテープの長さを測ってみたい。」という追求意欲を高めたと
ころで，追求問題「◎２本のテープをつなげて長さを測ろう。」を設定した。

展　開（板書❷❸）

　子どもたちが２本のテープをつなげる活動を行う際
に，教師は「２本のテープはどんなつなげ方でもよい
のかな。」と働きかけた。

　Aさんは，次のように発言した。

> **しっかりつなげないとだめだよ。**

　教師が「『しっかり』とは，どういうことかな。」と
働きかけると，Bさんは，次のように発言した。

> **ぴったりと隙間なくつなげないとだめだよ。**

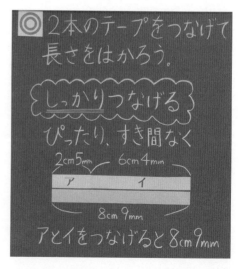

　２本のテープのつなげ方を全体で確認してから，実
寸大の長さの２本のテープを配り，実際にものさしで
長さを測った。「アとイのテープをつなげると，８㎝
９㎜になった。」と長さを求めることができた。

　２本のテープをつなげた長さが８㎝９㎜だということが分かり，満足している子どもたちに，

教師は以下のように発問した。

テープを動かさないで長さを求める方法はないのかな。

つなげるのだから，たし算で求めることができるかもしれない。

　他にも「長さって，どうたせばいいのかな。」と，子どもたちが長さの計算の仕方に着目してきた。子どもたちが「長さの計算をしてみたい。」という追求意欲を高めたところで，深める追求問題「☆どうすれば，計算で長さを求めることができるかな。」を設定した。

　子どもたちは「２㎝５㎜＋６㎝４㎜」という長さの式を見いだし，どのように計算したらよいかをグループで話し合った。子どもたちは「測った長さと同じ長さの８㎝９㎜になった。」「長さってたしてもいいんだね。」など

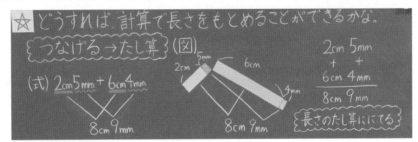

と発言した。話し合いの後，教師は以下のように発問した。

どんな計算をしたのかな。

　子どもたちは「㎝の計算は，２㎝＋６㎝＝８㎝になって，㎜の計算は，５㎜＋４㎜＝９㎜になる。」と発言した。その際，式や図の中の２㎝と６㎝，５㎜と４㎜に分けた計算の仕方を確認したり，２㎝５㎜と６㎝４㎜を縦に並べて単位ごとに計算することを黒板で確認したりした。すると，Ｃさんは以下のように発言した。

長さのたし算は，㎝と㎝，㎜と㎜で分けて計算すれば，求められるね。

　また，他の子どもが「十の位と一の位みたいで，数のたし算に似ているね。」と発言した。子どもたちは，同じ単位ごとに分けて計算するとつなげた長さが求められることを理解することができた。

終　末（板書❹）

　子どもたちは，２本のテープをつなげて長さを計算する活動から「長さはたすことができる。」という理

まとめ ・長さは たすことができる。
・２㎝５㎜と６㎝４㎜の２本のテープをつなげた長さは８㎝９㎜になって，㎝や㎜に分けて計算できる。

解に加え，「２㎝５㎜と６㎝４㎜の２本のテープをつなげた長さは，８㎝９㎜になって，㎝や㎜に分けて計算できる。」という深い学びを獲得した。

（山谷　光平）

2 長方形と正方形をどうやって見分けるとよいのかな

| 教 材 | 長方形と正方形を比べて共通点・相違点を考える活動 |
| 教 具 | 長方形（縦4cm，横6cm）と正方形（一辺5cm）を印刷したワークシート |

【追求問題】

| 追 求 問 題 | ◎アとイの四角形の同じところ・違うところをはっきりさせよう。 |
| 深める追求問題 | ☆長方形と正方形を見分けるポイントは何かな。 |

本時における深い学び

長方形と正方形を見分けるには，4つの辺の長さが同じかどうか調べればよい。

　長方形を学習した子どもたちに2つの四角形ア（長方形），イ（正方形）と，「2つの四角形は，□□□が同じです。」，「2つの四角形は，□□□がちがいます。」のカードを提示し，導入問題「□□□に言葉を入れます。どんな言葉を入れたらよいかな。」を提示する。この問題は，長方形と正方形の角や辺といった構成要素に着目し，2種類の四角形の共通点と相違点を調べる学習である。2年生は，長方形と正方形はそれぞれ独立した別々な四角形として学習するため，互いの構成要素の特徴に着目し，長方形と正方形を関係付けて捉える意識が弱い。

　長方形と正方形の共通点と相違点を考える活動を通して，長方形や正方形の定義を理解する。その際，長方形と正方形を見分けるときは，辺の長さに着目すればよいことに気付かせ，長方形と正方形の見方についての理解を深めたい。

■単元計画（本時　9／12　時間目）

・三角形と四角形を仲間分けしよう。（4時間）

・直角を探そう。（2時間）

・特別な四角形の特徴を調べよう。（3時間）

・直角三角形をつくろう。（1時間）

・模様づくりをしよう。（1時間）

・学んだことを生かそう。（1時間）

Grade 1

Grade 2

Grade 3

Grade 4

Grade 5

Grade 6

板書事項	❶既習の確認（長方形の定義・性質），導入問題
	❷追求問題，長方形と正方形の共通点と相違点への気付き，正方形の定義
	❸深める追求問題，長方形と正方形を見分けるとき着目すべき点への気付き
	❹まとめ

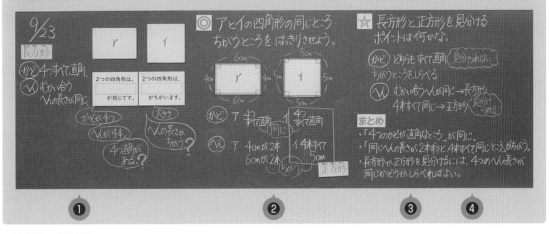

■授業の計画

導入	T	（導入問題）□□□□に言葉を入れます。どんな言葉を入れたらよいかな。
	C	どちらの四角形のかども直角に見える。同じところは「直角がある」だ。
	C	角の大きさや辺の長さを調べないと分からないよ。
		追求問題 ◎アとイの四角形の同じところ・違うところをはっきりさせよう。
展開	T	2つの四角形の角の大きさ，辺の長さを調べよう。
	C	角の大きさを調べたら，アもイも4つすべて直角だった。同じところは，「直角」だ。
	C	アは4cmと6cmが2本ずつあった。イは4本すべて5cmだった。
	T	どうすれば，長方形と正方形を見分けることができるかな。
	C	辺の長さを測って調べれば，見分けられるよ。
	C	角が直角かどうかも調べたらどうかな。
		深める追求問題 ☆長方形と正方形を見分けるポイントは何かな。
	T	何を調べれば，長方形と正方形を見分けられるかな。
	C	角の大きさはすべて直角だから直角かどうかだけでは見分けられない。
	C	辺の長さを調べると正方形かどうか分かるよ。
終末	T	今日，分かったことはどんなことかな。
	C	同じところは，4つの角が直角なところ。違うところは，同じ長さの辺が2本ずつと，4本すべて同じところ。
	C	長方形と正方形を見分けるには，4つの辺の長さが同じかどうか調べればよい。

■授業の実際

導　入（板書❶）

最初に，長方形は４つの角がすべて直角であること，向かい合う辺の長さが等しいことを確認した。その上で，２つの四角形ア（長方形），イ（正方形）と，「２つの四角形は，□□□が同じです。」「２つの四角形は，□□□がちがいます。」のカードを提示し，本時の導入問題「□□□に言葉を入れます。どんな言葉を入れたらよいかな。」と子どもたちに働きかけた。

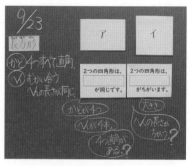

子どもたちは「同じところは『かどが４つある』だ。」「どちらの四角形のかども直角に見える。同じところは『直角がある』だ。」などと発言した。ここで，教師は以下のように発問した。

 同じところと違うところが，分かりそうかな。

角の大きさや辺の長さを調べないと分からないよ。

子どもたちは「２つの四角形の同じ特徴は直角で，違うところは辺の長さかもしれない。」という見通しをもち「角の大きさや辺の長さを測って，同じところと違うところを調べてみたい。」という追求意欲を高めたところで，追求問題「◎アとイの四角形の同じところ・違うところをはっきりさせよう。」を設定した。

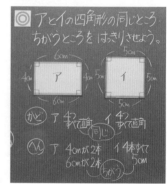

展　開（板書❷❸）

子どもたちが四角形の共通点と相違点を調べる際に，教師は２つの四角形のプリントを配付し「角の大きさはどうなっているか，辺の長さはどうか調べてみよう。」と働きかけた。

Aさんは，角の大きさに目を向けて，４つの角は直角かどうか調べた。

> 角の大きさを調べたら，アもイも４つすべて直角だった。同じところは，「直角」だ。

Bさんは，辺の長さに着目し，長さを測った。

> アは４cmと６cmが２本ずつあった。イは４本すべて５cmだった。２つの四角形はここが違う。

ここで「４つの角が直角なところ」が同じ，「同じ辺の長さが２つずつと，４すべてが同

じところ」が違うということを確認した。また，イの四角形のように４つの角がすべて直角で４本の辺すべてが同じ長さの四角形を正方形ということを確認した。

　２つの四角形の共通点と相違点が分かった子どもたちに，教師は以下のように発問した。

 どうすれば，長方形と正方形を見分けることができるかな。

辺の長さを測って調べれば，見分けられるよ。

　他にも「角が直角かどうかも調べたらどうかな。」という発言があった。子どもたちの「長方形か正方形かを見分けるためにどこを調べればよいかはっきりさせたい。」という追求意欲を高めたところで，深める追求問題「☆長方形と正方形を見分けるポイントは何かな。」を設定した。

　子どもたちは，実際に長方形と正方形を見分けるためにどこを測って調べればよいか話し合った。その後，教師は以下のように発問した。

 何を調べれば，長方形と正方形を見分けられるかな。

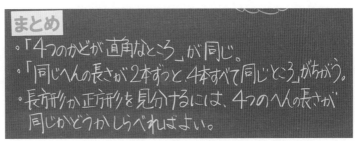

　子どもたちは「長方形と正方形どちらも角の大きさはすべて直角だから直角かどうかだけでは見分けられない。」「長方形と正方形は辺の長さだけ特徴が違う。」などと発言した。そしてＣさんは以下のように発言した。

辺の長さを調べると正方形かどうか分かるよ。だって，長方形は向かい合う辺の長さが同じで，正方形の辺は４つすべて同じ長さだ。

　子どもたちは，「長方形と正方形の特徴が違う辺の長さを調べれば，見分けることができるね。」と発言するなど，長方形と正方形の相違点に着目するとよいという見方を見いだすことができた。

　終末（板書❹）

　子どもたちは，２つの四角形の共通点と相違点を調べる活動から「正方形は４つの角がすべて直角で辺の長さがすべて同じ。」という理解に加え，「長方形と正方形を見分けるには，４つの辺の長さが同じかどうか調べればよい。」という深い学びを獲得した。　　（小見　芳太郎）

3 （十何)×（何）のかけ算はどう計算するのかな

教　材	12×3の計算の仕方を考える活動
教　具	ブロックを縦に12個，横に3列並べたワークシート

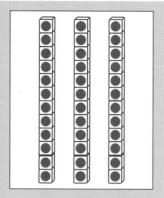

【追求問題】

追　求　問　題	◎（十何)×（何）のかけ算は，（十何）をどう分けて計算すればよいのかな。
深める追求問題	☆（十何）をいくつといくつに分ければ，より簡単に計算できるのかな。

本時における深い学び

　（十何)×（何）のかけ算は，かけられる数を（10と何）に分けて計算すると，より簡単に計算することができる。

　導入問題「1箱に12個入りのチョコレートが3箱あります。チョコレートは全部で何個ですか。」を提示する。この問題は，かけられる数が9より大きい場合，どのように解けばよいかを考える学習である。子どもたちは，3×12という，かける数が9を超える場合のかけ算を経験しており，その際には3の段に着目して，3ずつたしたり，かける数を分けて計算したりして解いている。12×3のように，かけられる数が9を超える場合は，九九が適用できるように見えないため，子どもたちは，どのように計算すればよいか迷ってしまうことが多い。

　12×3の計算の仕方を考えることを通して，かけられる数を分ける計算方法を見いだすとともに，さらにその分け方は（10と2）に分けた方がより計算しやすくなることに気付かせ，かけ算の計算方法の理解を深めたい。

■単元計画（本時　5／7　時間目）

・かけ算九九表の秘密を探そう。（2時間）

・九九の計算や図を工夫して答えの求め方を考えよう。（1時間）

・九九よりも大きいかけ算の計算の仕方を考えよう。（2時間）

・学んだことを生かそう。（2時間）

Grade 1
Grade 2
Grade 3
Grade 4
Grade 5
Grade 6

板書事項

❶導入問題，前時との違いへの気付き

❷追求問題，かけられる数を分ければ解けるということへの気付き，ブロックを分けた図と式

❸深める追求問題，12を10と2に分けることのよさへの気付き

❹まとめ

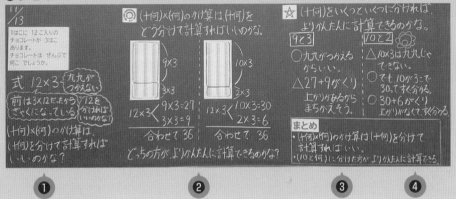

■授業の計画

導入	T	（導入問題）1 箱に12個入りのチョコレートが3箱あります。チョコレートは全部で何個ですか。
	C	式は12×3だから，前とは逆で，かけられる数が12になっている。
	C	前と同じで12を分ければ答えが分かると思う。
		追求問題 ◎（十何）×（何）のかけ算は，（十何）をどう分けて計算すればよいのかな。
展開	T	分けたところが分かるように，ブロックを○で囲んだり，式を書いたりしよう。
	C	9×3＝27と3×3＝9になった。合わせて36だ。
	C	10×3＝30と2×3＝6になった。合わせて36だ。
	T	どちらの分け方の方が，より簡単に計算できたかな。
	C	10と2に分けた方が，九九を1回使うだけだから簡単だと思う。
	C	9と3に分けた方が，九九が使えるから簡単だと思う。
		深める追求問題 ☆（十何）をいくつといくつに分ければ，より簡単に計算できるのかな。
	T	どちらの解き方の方がより簡単に計算できたかな。
	C	9と3だと九九が使えるけど，27＋9の計算に繰り上がりがあって間違えそうだな。
	C	10と2に分けると，10×3は30ってすぐ分かる。2×3＝6と合わせるとき，繰り上がりがなくて30＋6＝36ってすぐ分かるよ。
終末	T	今日，分かったことはどんなことかな。
	C	（十何）×（何）のかけ算は，（十何）を分けて計算すればよい。
	C	（10と何）に分けた方が，より簡単に計算できる。

■授業の実際

用意する教材・教具

板　書：ブロックを縦に12個，横に３列並べたワークシートをＡ３サイズに拡大したもの
　　　　／マジック

子ども：ブロックを縦に12個，横に３列並べたワークシート

導　入（板書❶）

最初に，前時に「３×12」の問題で，かける数の12を９と３，８と４などに分けて計算したことを確認した。その後，本時の導入問題「１箱に12個入りのチョコレートが３箱あります。チョコレートは全部で何個ですか。」を提示した。

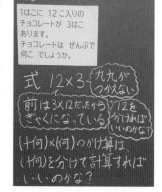

子どもたちは「式は12×３だから，前とは逆で，かけられる数が12になっている。」「今日も九九が使えないけど，前と同じで12を分ければ答えが分かると思う。」などと発言した。ここで，教師は以下のように発問した。

 （十何）を分けて計算するとできそうなのかな。

前と同じで，（十何）を分ければ九九が使えるよ。

子どもたちは「（十何）×（何）のかけ算は，（十何）を分ければ計算できそうだ。」という見通しをもち，「12×３を解いてみたい。」という追求意欲を高めたところで，追求問題「◎（十何）×（何）のかけ算は，（十何）をどう分けて計算すればよいのかな。」を設定した。

展　開（板書❷❸）

子どもたちが「12×３」の計算の仕方を考える際に，教師はブロック図がかかれたワークシートを配付し「分けたところが分かるように，ブロックを○で囲んだり，式を書いたりしよう。」と働きかけた。

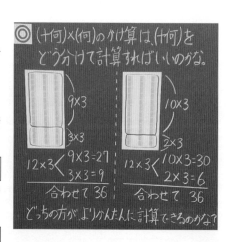

Ａさんは，12個のブロックを９個と３個に分けて○で囲んだ。

> ９×３＝27と３×３＝９になった。合わせて36だ。

Ｂさんは，12個のブロックを10個と２個に分けて○で囲んだ。

> 10×３＝30と２×３＝６になった。合わせて36だ。

２つの考えを見比べた子どもたちは，前時と同じで12を分ければ九九が使えることと，12の分け方に違いがあっても答えは36になることに気付いた。

答えを求めることができて満足している子どもたちに，教師は以下のように発問した。

どちらの分け方の方が，より簡単に計算できるかな。

10と2に分けた方が，九九を1回使うだけだから簡単だと思う。

　他にも「9と3に分けた方が，九九が使えるから簡単だよ。」など，どちらの分け方にもよさがあることに着目したところで，深める追求問題「☆（十何）をいくつといくつに分ければ，より簡単に計算できるのかな。」を設定した。

　子どもたちは，実際に2通りの分け方で12×3を解いた。その後，教師は以下のように発問した。

どちらの解き方の方がより
簡単に計算できたかな。

　子どもたちは「9と3だと九九が使えるけど，27＋9の計算に繰り上がりがあって間違えそうだな。」「10と2は10×3が九九じゃできない。」「でも，10が3個ということだから，九九を使わなくても分かるよ。」などと発言した。そして，Cさんは以下のように発言した。

> ☆（十何）をいくつといくつに分ければ，よりかんたんに計算できるのかな。
>
> | 9と3 | 10と2 |
> |---|---|
> | ○九九がつかえるからいい。 | △10×3は九九じゃできない。 |
> | △27＋9がくり上がりがあるからまちがえそう。 | ○でも，10が3こで30．ってすぐ分かる。 |
> | | ○30＋6がくり上がりがなくて，すぐ分かる。 |

10と2に分けると，10×3は30ってすぐ分かる。2×3＝6と合わせるとき，繰り上がりがなくて30＋6＝36ってすぐ分かるよ。

　子どもたちは，「10と2に分ける方が，最後のたし算で位ごとにたすだけだから簡単に計算できると思います。」と発言するなど，（十何）を（10と何）に分けることのよさを見いだすことができた。

終　末（板書❹）

　子どもたちは，12×3の計算の仕方を考える活動から「12を分けて計算すればいい。」という理解に加え，「（十何）×（何）のかけ算は，かけられる数を（10と何）

> まとめ
> ・（十何）×（何）のかけ算は（十何）を分けて計算すればいい。
> ・（10と何）に分けた方がよりかんたんに計算できる。

に分けて計算すると，より簡単に計算できる。」という深い学びを獲得した。

（荒井　琢郎）

Grade 1
Grade 2
Grade 3
Grade 4
Grade 5
Grade 6

4 どんな分け方ができるかな

教 材	縦3マス横4マスの長方形をどのように$\frac{1}{4}$に分けられるかを確かめる活動
教 具	縦3マス横4マスの長方形（掲示用・児童数分の長方形）

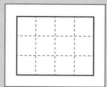

【追求問題】

追 求 問 題	◯切れ目に沿って$\frac{1}{4}$に分けることができるか。
深める追求問題	☆どの分け方も$\frac{1}{4}$と言ってよいか。

本時における深い学び

　長方形を分けた$\frac{1}{4}$は，$\frac{1}{4}$のつくり方によって見た目の形は違っていても，同じ大きさに直すことができればその大きさは同じ$\frac{1}{4}$である。

　導入問題「縦と横に切れ目の入ったピザがあります。このピザを切れ目に沿って同じ大きさに4つに分けましょう。」を提示する。この問題は，決められた大きさの長方形から$\frac{1}{4}$の大きさを考え，様々な$\frac{1}{4}$の分け方を見いだす学習である。子どもたちは，同じ大きさになるように図形4つに分けることができれば$\frac{1}{4}$にできると考えられるが，分けた形が違う$\frac{1}{4}$を，どれも同じ大きさの$\frac{1}{4}$として捉えるという意識は弱い。

　長方形を$\frac{1}{4}$に分けたものを発表し，その$\frac{1}{4}$がどれも同じ大きさになっていることを確かめる活動を通して，様々な$\frac{1}{4}$の分け方を見いだすとともに，同じ大きさに直すことができれば，$\frac{1}{4}$と表すことができることに気付かせ，量分数の意味理解を深めたい。

■単元計画（本時　2／4　時間目）

・折り紙を同じ大きさに2つに分けよう。（1時間）

・長方形のピザを同じ大きさに4つに分けよう。（1時間）

・同じ大きさに切ったケーキのいろいろな分け方を考えよう。（1時間）

・学習を振り返り身に付けよう。（1時間）

板書事項	❶簡単な分数の定義・分け方など，既習事項の確認
	❷追求問題，同じ大きさにすれば$\frac{1}{4}$に分けることができることの気付き
	❸深める追求問題，同じ大きさに直すことができれば$\frac{1}{4}$になることの気付き
	❹まとめ

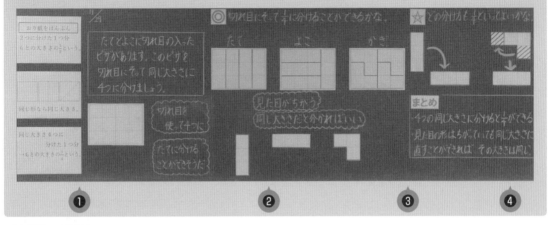

■授業の計画

導入	T	（導入問題）縦と横に切れ目の入ったピザがあります。このピザを切れ目に沿って同じ大きさに４つに分けましょう。
	C	切れ目を使って４つに分けることを考えればいいんだ。
	C	縦に分けることができればよさそうだ。
		追求問題　◎切れ目に沿って$\frac{1}{4}$に分けることができるか。
展開	T	どんな分け方ができるのか考えてみよう。
	C	縦の線に沿って半分の半分に分けると，同じ大きさ４つに分けることができる。
	C	『 の形に４つに分けることができる。
	T	すべて$\frac{1}{4}$に分けたのに，見た目が違うものがありますね。これらはどれも同じ大きさと言えるかな。
	C	同じ形になれば，同じ$\frac{1}{4}$だと言えると思う。
		深める追求問題　☆どの分け方も$\frac{1}{4}$と言ってよいか。
	T	どのように動かすと同じ大きさだと言えるかな。
	C	『 の形（図③）を切って縦につなげると横棒（図②）になる。
	C	どれも同じ形になったから，どれも同じ大きさと言っていいんだ。
終末	T	今日，分かったことはどんなことかな。
	C	分けた$\frac{1}{4}$の見た目が違っても，同じ大きさに分けることができれば同じ大きさになることが分かった。

■授業の実際

導　入（板書❶）

　最初に，前時に学習した$\frac{1}{2}$の定義や分け方について復習した。$\frac{1}{2}$は，もとの大きさを２つに分けた１つ分であること，同じ形に分けたなら，同じ大きさであることを子どもたちと確認した。その上で，本時の導入問題「縦と横に切れ目の入ったピザがあります。このピザを切れ目に沿って同じ大きさに４つに分けましょう。」と子どもたちに働きかけた。

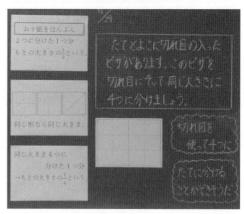

　子どもたちは「切れ目を使って４つに分けることを考えればいいんだ。」「縦に分けることができればよさそうだ。」などと発言した。ここで，教師は以下のように発問した。

 長方形をいろいろな分け方で４つに分けることができそうかな。

いろいろな分け方ができそうだ。

　子どもたちは「いろいろな分け方ができそうだ。」という見通しをもち，「長方形を同じ大きさになるように４つに分けてみたい。」という追求意欲を高めたところで，追求問題「◎切れ目に沿って$\frac{1}{4}$に分けることができるか。」を設定した。

展　開（板書❷❸）

　切れ目が入ったピザの図のワークシートを配付し，教師は「どんな分け方ができるのか考えてみよう。」と働きかけた。

　Aさんは，縦に分ける方法に目を向けた。

　縦の線に沿って半分の半分に分けると，同じ大きさ４つに分けることができる。（図①）

　Bさんは，『 の形に分ける方法に目を向けた。

　『 の形に４つに分けることができる。（図③）

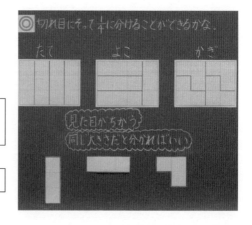

子どもたちは，いろいろな$\frac{1}{4}$の分け方を，仲間に発表した。

図①   図②   図③

自分たちが考えた$\frac{1}{4}$を発表して満足している子どもたちに，教師は以下のように発問した。

すべて$\frac{1}{4}$に分けたのに，見た目が違うものがありますね。これらはどれも同じ大きさと言えるかな。

①と②は向きを変えれば同じだね。③も同じ形になれば同じ$\frac{1}{4}$だと言えると思う。

　子どもたちは見た目が異なる形であっても，同じ形に直すことができれば$\frac{1}{4}$に分けることができるところに着目してきた。子どもたちの「見た目の異なる$\frac{1}{4}$でも，同じ形に直すことができれば，どちらも$\frac{1}{4}$と言えるのではないか。」という追求意欲を高めたところで，深める追求問題「☆どの分け方も$\frac{1}{4}$と言ってよいか。」を設定した。

　子どもたちは，①〜③を重ね合わせたり，切ってつなげたりしながら同じ形になるように話し合った。話し合いの後，教師は以下のように発問した。

どのように動かすと同じ大きさだと言えるかな。

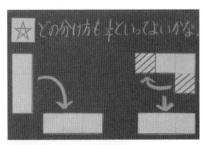

　子どもたちは「『 の形（図③）を切って縦につなげると横棒（図②）になる。」と発言した。そして，Cさんは以下のように発言した。

どれも同じ形になったから，どれも同じ大きさと言っていいんだ。

　子どもたちは，「形は違うけど，同じ形に直せば$\frac{1}{4}$と言っていいんだ。」と発言するなど，$\frac{1}{4}$で表す方法を見いだすことができた。

終　末（板書❹）

　子どもたちは，長方形を$\frac{1}{4}$に分ける活動から「４つの同じ大きさに分けると，$\frac{1}{4}$ができる。」という理解に加え，「長方形を分けた$\frac{1}{4}$は，$\frac{1}{4}$のつくり方によって見た目の形は違っていても，同じ大きさに直すことができればその大きさは同じ$\frac{1}{4}$である。」という深い学びを獲得した。

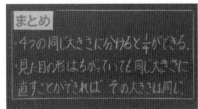

（稲葉　謙太郎）

Grade1 Grade2 Grade3 Grade4 Grade5 Grade6

1 わり切れないわり算の答えの求め方は

| 教 材 | 図や九九で，わり切れないわり算の答えの求め方や，残りと余りの違いを見いだす活動 |
| 教 具 | 20÷6の答えを求めるための図 |

【追求問題】

| 追 求 問 題 | ◎ぴったり分けられないわり算の答えを見付けよう。 |
| 深める追求問題 | ☆残りと余りの違いは何か。 |

本時における深い学び

わり算の余りは分けられるだけ分けた後の残りで，まだ分けられる残りは，余りとは言わない。

導入問題「20個のみかんを6個ずつ袋に入れると，6個入った袋は，何袋できますか。」を提示する。この問題は，わり切れない問題場面でもわり算が使えることを知るとともに，答えの求め方について考える学習である。

子どもたちは，既習のわり切れるわり算の答えの求め方を想起し，図や九九を用いて袋の数を増やしていくことで最大何袋に分けることができるか見いだすことはできる。しかし，「余りは分けられるだけ分けた後の残り」という意識は弱く，「分けたときに残ったもの」という受け止めをしていることが多い。

図を用いて「残り」と「余り」の違いについて検討する活動を通して両者の違いに着目させ，「余り」の意味に気付かせながら，わり切れないわり算の答えの求め方の理解を深めたい。

■単元計画（本時　1／5　時間目）

・わり切れないわり算の計算の仕方を考えよう。（1時間）

・わる数と余りの関係を調べよう。（1時間）

・答えの確かめ方を考えよう。（1時間）

・余りが出た場合の答えの求め方を考えよう。（1時間）

・学習を振り返り身に付けよう。（1時間）

板書事項

❶導入問題，既習との違いの気付き

❷追求問題，20÷6の答えの求め方の気付き

❸深める追求問題，残りと余りの違いの気付き

❹まとめ

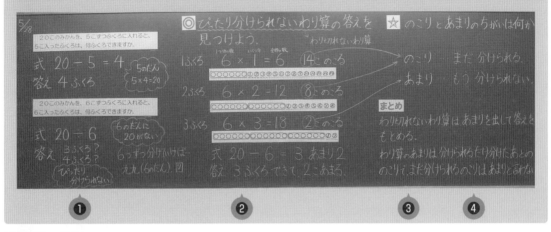

❶ ❷ ❸ ❹

■授業の計画

導入	T	（導入問題）20個のみかんを６個ずつ袋に入れると，６個入った袋は，何袋できますか。
	C	同じ数ずつ分けるからわり算の問題だ。
	C	式は20÷6かな。でも，６の段に20がないよ。ぴったり分けられない。
	追求問題 ◎ぴったり分けられないわり算の答えを見付けよう。	
展開	T	６個ずつの袋はいくつできるのかな。
	C	６個ずつ囲んでいくと，３つまとまりができて２個残る。だから，答えは３袋です。
	C	６×４＝24　20よりも大きくなるから，４袋には分けられない。答えは３袋です。
	T	（わり切れない場合は，商の他に「余り」を付けて答えにすることを教えた後で）どうして「余り２」と言うのかな。「残り２」とは言わないのかな。
	C	「残り」でも「余り」でもどちらでもよさそうだけど，何かわけがあるのかな。
	深める追求問題 ☆残りと余りの違いは何か。	
	T	どんなときに「余り」と言うのかな。
	C	もう分けられないときに「余り」と言うんだ。
	C	「残り」はまだ分けられる。「余り」はもう分けられないときの「残り」のことだ。
終末	T	今日，分かったことはどんなことかな。
	C	わり切れないわり算は，「余り」を出して答えを求める。
	C	わり算の「余り」は分けられるだけ分けた後の「残り」で，まだ分けられる「残り」は「余り」とは言わない。

■授業の実際

導　入（板書❶）

　最初に，既習問題であるわり切れるわり算「20÷5」の問題を復習し，5の段を使うと答えが求められることを確認した。その上で，本時の導入問題「20個のみかんを6個ずつ袋に入れると，6個入った袋は，何袋できますか。」を提示した。

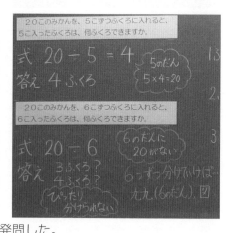

　子どもたちは「同じ数ずつ分けるからわり算の問題だ。」「式は20÷6かな。でも，6の段に20がないよ。ぴったり分けられない。」などと発言した。わり算の問題であることは捉えることができたが，どのように答えを求めたらよいか分からない状況で，教師は以下のように発問した。

　九九に答えがないわり算はどうしたらよいかな。

　6個ずつ分けていけば，何袋に分けられるか分かると思う。

　子どもたちは「わり算の問題だから同じ数ずつ分けていけば，何袋に分けられるかはっきりするだろう。」という見通しをもち，「ぴったり分けられないわり算の問題の答えをはっきりさせたい。」という追求意欲を高めたところで，追求問題「◎ぴったり分けられないわり算の答えを見付けよう。」を設定した。

展　開（板書❷❸）

　子どもたちが何袋に分けられるかを見いだす活動を行う際に，教師は「6個ずつの袋はいくつできるのかな。」と働きかけた。

　Aさんは，図を使って考えた。

> 6個ずつ囲んでいくと，3つまとまりができて2個残る。だから，答えは3袋です。

　Bさんは，九九を使って考えた。

> 6×4＝24　20よりも大きくなるから，答えは3袋です。

　6個ずつ3袋に分けられることが分かり満足している子どもたちに，教師は，わり算にはわ

り切れない場合があり，その場合は，余りを出して答えを求めることを教えた。すると，「残る」が「余る」に変換されたことに戸惑う子どもの姿が見られた。そこで，教師は以下のように発問した。

どうして「余り2」と言うのかな。「残り2」とは言わないのかな。

「残り」でも「余り」でもどちらでもよさそうだけど，何か
わけがあるのかな。

　子どもたちの「残りと余りの違いをはっきりさせたい。」という追求意欲を高めたところで，深める追求問題「☆残りと余りの違いは何か。」を設定した。

　子どもたちは，1袋や2袋に分けたときの残りと，3袋に分けたときの余りの図を比較し，残りと余りの

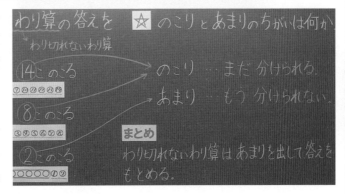

数量の違いに着目しながらグループで話し合った。話し合いの後，教師は以下のように発問した。

どんなときに「余り」と言うのかな。

　子どもたちは「もう分けられないときに『余り』と言うんだ。」「『残り』はまだ分けることができるよ。」などと発言した。そして，Cさんは以下のように発言した。

「残り」はまだ分けられる。「余り」はもう分けられないときの
「残り」のことだ。

　子どもたちは「わり切れないわり算は，分けられるだけ分けて『余り』を出すんだね。」と発言するなど，残りと余りの意味の違いを見いだすことができた。

■終　末■（板書❹）

　子どもたちは，図や九九を使って，わり切れないわり算の答えの求め方や，残りと余りの違いについて検討する活動から「わり切れないわり算は，『余り』を出して答えを求める。」という理解に加え，「わり算の『余り』は分けられるだけ分けた後の『残り』で，まだ分けられる『残り』は『余り』と言わない。」という深い学びを獲得した。（瀬下　真心）

第2章　主体的・対話的で深い学びを実現する追求問題＆板書モデル　63

2 調べたことをわかりやすくまとめよう

教　材 曜日別に調べた４月に保健室に来た人に
ついての棒グラフを読み取る活動

教　具 ４月に保健室に来た人数の棒グラフ

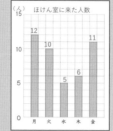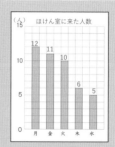

【追求問題】

追　求　問　題 ◎項目が数の大小順に並んでいないのはどうしてだろうか。

深める追求問題 ☆順番通りに表すとどんなよさがあるのか。

本時における深い学び

　棒グラフは，項目を大小順ではなく曜日順で並べると，一週間全体の人数の様子が一目で分かる。

　導入問題「４月に保健室に来た人についての棒グラフを読み取ろう。」を提示する。この問題で扱う棒グラフは項目が曜日順で表されている。曜日のように順序性のあるものは，順番通りにグラフに表した方がよいことに気付く学習である。子どもたちは棒グラフを読み取る際，項目ごとに数を読み取ることはできるが，資料全体の特徴を読み取ったり考えたりする意識が弱い。

　目的に応じて曜日順に並べた棒グラフと，数の大小順に並べた棒グラフを比較する活動を通して，棒グラフは一目で項目ごとの数値が捉えられるよさがあることを改めて実感するとともに，集団のもつ全体的な特徴を捉えることができるよさもあることに気付かせ，棒グラフを読み取る力を深めたい。

■単元計画（本時　４／８　時間目）

・目的に合わせて資料を整理し，表に表したり読んだりしよう。（１時間）

・棒グラフの特徴を理解し，棒グラフに表したり全体の特徴を読み取ったりしよう。（４時間）

・資料を表に表したり読んだりしよう。（１時間）

・学習を振り返り身に付けよう。（２時間）

Grade1

Grade2

Grade3

Grade4

Grade5

Grade6

<table>
<tr><td rowspan="4">板書事項</td><td>❶導入問題，既習とのずれの気付き</td></tr>
<tr><td>❷追求問題，なぜ曜日順なのかの気付き</td></tr>
<tr><td>❸深める追求問題，「よさ」を考えるための比較</td></tr>
<tr><td>❹まとめ</td></tr>
</table>

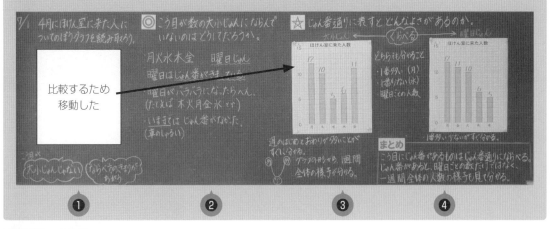

比較するため
移動した

❶　　　　　❷　　　　　❸　　　　　❹

■授業の計画

導入	T	（導入問題）4月に保健室に来た人についての棒グラフを読み取ろう。
	C	前の時間と棒グラフの並べ方のきまりが違うよ。
	C	大小順で並んでいないけどいいのかな。
	追求問題	◎項目が数の大小順に並んでいないのはどうしてだろうか。
展開	T	何順で並んでいるのかな。どうしてこの順番に並べているのかな。
	C	月～金の曜日順だね。曜日はもとから順番が決まっているものだから，そういうときは入れ替えない方がいいと思う。
	C	今までの問題は，順番がなかったね。でも曜日は順番が決まっているよ。
	T	大小順と曜日順には，それぞれどんなよさがあるのかな。
	C	項目の並べ方が違うからよさも違うのかな。大小順のよさは分かるけど，曜日順に表すよさって何だろう。
	深める追求問題	☆順番通りに表すとどんなよさがあるのか。
	T	曜日順の棒グラフだと分かりやすいことって何かな。
	C	端の月曜日と金曜日の人数が多いって見てすぐに分かるよ。
	C	月曜日から順番通りに表すと，一週間全体の人数の様子が分かるね。
終末	T	今日，分かったことはどんなことかな。
	C	曜日などのように，項目に順番のあるものは順番通りに並べる。
	C	順番があると，曜日ごとの数だけではなく一週間全体の人数の様子も見て分かる。

■授業の実際

用意する教材・教具

板　書：保健室に来た人数の棒グラフの拡大コピー（曜日順，大小順）

子ども：保健室に来た人数の棒グラフ（曜日順，大小順）

導 入（板書❶）

最初に，既習問題である「棒グラフのきまり」を復習した。「棒の長さが数を表していること」「項目は数の大小順で表した方が分かりやすいこと」を確認した。その上で，本時の導入問題「4月に保健室に来た人についての棒グラフを読み取ろう。」と子どもたちに働きかけた。

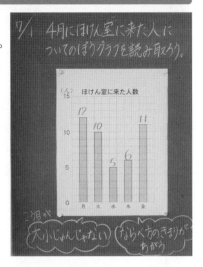

子どもたちは棒グラフを見ると「前の時間と棒グラフの並べ方のきまりが違うよ。」と発言した。ここで，教師は以下のように発問した。

 今までの学習と違うところはどこだろう。

棒グラフが大小順で並んでいないところが違うよ。

子どもたちは「前の時間と棒グラフの並べ方のきまりが違うのはどうしてだろう。」「大小順で並んでいないけどいいのかな。」と，既習とのずれから追求意欲を高めたところで，追求問題「◎項目が数の大小順に並んでいないのはどうしてだろうか。」を設定した。

展 開（板書❷❸）

子どもたちが既習の棒グラフのように項目が大小順ではないのかを考える際に，教師は「何順で並んでいるのかな。どうしてこの順番に並べているのかな。」と働きかけた。

Aさんは，もとからある順番に着目した。

> 月～金の曜日順だね。曜日はもとから順番が決まっているものだから，そういうときは入れ替えない方がいいと思う。

Bさんは，既習との違いに着目した。

> 今までの問題は，順番がなかったね。でも曜日は順番が決まっているよ。

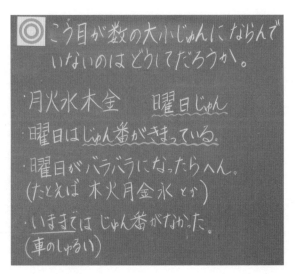

66

子どもたちは，話し合いを通して曜日には順番があるため入れ替えをしないことについて納得した。しかし，大小順に並べても問題ないのではないかと迷う子どももいた。そこで，教師は項目を大小順に並べ替えた棒グラフを提示し，以下のように発問した。

 大小順と曜日順には，それぞれどんなよさがあるのかな。

項目の並べ方が違うからよさも違うのかな。大小順のよさは分かるけど，曜日順に表すよさって何だろう。

子どもたちが「曜日順のように順番通りに表すよさをはっきりさせたい。」と追求意欲を高めたところで，深める追求問題「☆順番通りに表すとどんなよさがあるのか。」を設定した。

子どもたちは，大小順の棒グラフのよさは最大値や最小値がすぐに分かることを確認した。そして，2つの棒グラフを比較し，曜日順の棒グラフでも最大値や最小値の曜日を読み取ることができると分かった子どもたちに，教師は以下のように発問した。

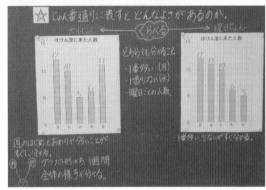

 曜日順の棒グラフだと分かりやすいことって何かな。

子どもたちは「端の月曜日と金曜日の人数が多いって見てすぐに分かるよ。」「入れ替えたら，保健室に来る人が多いのは週の初めなのか，終わりなのか，真ん中なのか分からなくなるね。」などと発言した。そして，Cさんは以下のように発言した。

月曜日から順番通りに表すと，一週間全体の人数の様子が分かるね。

子どもたちは，棒グラフの見た目で数の大小を判断できるよさを見いだした。加えて，順番があるものは，順番通りに表した場合，調べる目的に合った表し方になり，全体の様子を捉えることもできることを見いだした。

終 末（板書❹）

子どもたちは，棒グラフの項目の順番について考える活動から「曜日などのように，項目に順番のあるものは順番通りに並べる。」という理解に加え，「順番があると，曜日ごとの数だけではなく一週間全体の人数の様子も見て分かる。」という深い学びを獲得した。

（関 美喜子）

3 小数の計算はどうしたらよいか

| 教 材 | 小数第一位がひけないときは，どうしたらよいかを確かめる活動 |
| 教 具 | 筆算の仕方を考えるための位取りシート |

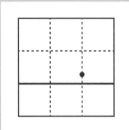

【追求問題】

| 追 求 問 題 | ◎4−1.8の計算の仕方はどうすればよいか。 |
| 深める追求問題 | ☆整数−小数の筆算のきまりは何か。 |

本時における深い学び

「整数−小数」の筆算は，整数に小数点と小数第一位に0を付けて計算する。

　導入問題「まなみさんのリボンの長さは4m，妹のリボンの長さは1.8mです。違いは何 m ですか。」を提示する。この問題は，整数と小数という位が揃えにくいひき算の仕方を考え，「整数−小数」の筆算の計算方法を見いだす学習である。整数の筆算は加法も減法も右揃えで筆算をしてきたこともあり，小数の筆算も右揃えにして計算してしまうなど，位を揃えて計算するという意識が弱い。

　位の合わせ方や空位の場所をどのように扱っていったらよいかを考える活動を通して，整数に小数点や0を付けて筆算するとよいことを見いだすとともに，整数は小数点や小数点以下の0を表さないきまりがあることに気付かせ，小数の意味と計算方法の理解を深めたい。

■単元計画（本時　9／10　時間目）

・はしたの表し方を調べよう。（3時間）

・小数の仕組みを調べよう。（2時間）

・小数のたし算とひき算の計算方法を調べよう。（4時間）

・学習を振り返り身に付けよう。（1時間）

<table>
<tr><td rowspan="4">板書事項</td><td>❶既習事項の確認，導入問題，既習とのずれの気付き</td></tr>
<tr><td>❷追求問題，「小数－小数」の筆算の仕方，空位のある筆算の計算方法の気付き</td></tr>
<tr><td>❸深める追求問題，「整数－小数」の計算の気付き</td></tr>
<tr><td>❹まとめ</td></tr>
</table>

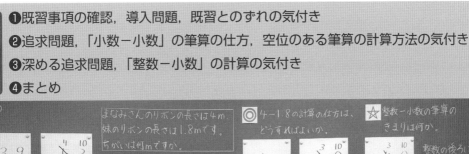

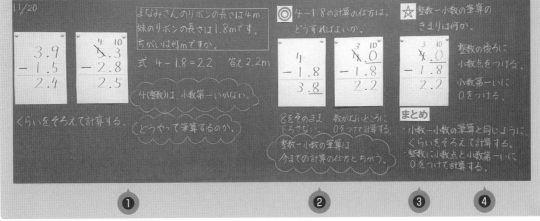

■授業の計画

<table>
<tr><td rowspan="4">導入</td><td>T</td><td>（導入問題）まなみさんのリボンの長さは4m，妹のリボンの長さは1.8m です。違いは何 m ですか。</td></tr>
<tr><td>C</td><td>違いということは，ひき算だよね。だから，式は「4－1.8」だ。</td></tr>
<tr><td>C</td><td>整数は小数第一位がないから答えが分からない。どうやって計算すればいいの。</td></tr>
<tr><td colspan="2">追求問題 ◎4－1.8の計算の仕方はどうすればよいか。</td></tr>
<tr><td rowspan="7">展開</td><td>T</td><td>4と1.8は，どの数が同じ位なのかを考えて計算してみよう。</td></tr>
<tr><td>C</td><td>「4－1.8」は3.8になった。</td></tr>
<tr><td>C</td><td>「4－1.8」は2.2になった。</td></tr>
<tr><td>T</td><td>どちらの答えが正しいのかな。</td></tr>
<tr><td>C</td><td>小数第一位がひけないからって，8をそのまま下ろしても正しい答えにならない。</td></tr>
<tr><td>C</td><td>今までと違う計算の仕方だったから，計算のきまりを見付けてみたい。</td></tr>
<tr><td colspan="2">深める追求問題 ☆整数－小数の筆算のきまりは何か。</td></tr>
<tr><td></td><td>T</td><td>どんなきまりがあるのかな。</td></tr>
<tr><td></td><td>C</td><td>何もない小数第一位に0を付けると計算できるよ。</td></tr>
<tr><td></td><td>C</td><td>「4－1.8」は4に小数点と0を付けて「4.0－1.8」にして計算するといい。</td></tr>
<tr><td rowspan="3">終末</td><td>T</td><td>今日，分かったことはどんなことかな。</td></tr>
<tr><td>C</td><td>位を正しく揃えれば，今までのきまりで計算できる。</td></tr>
<tr><td>C</td><td>「整数－小数」の筆算は，整数に小数点と小数第一位に0を付けて計算する。</td></tr>
</table>

用意する教材・教具

板　書：位が分かる点線のある画用紙／マジック

子ども：筆算の仕方を考えるための位取りシート(グループの数)／マジック(グループの数)

導　入 (板書❶)

　最初に，既習の「小数−小数」の筆算を復習し，位を揃えて計算することを確認した。その上で，本時の導入問題「まなみさんのリボンの長さは4m，妹のリボンの長さは1.8mです。違いは何mですか。」と子どもたちに働きかけた。

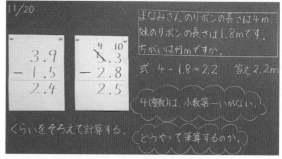

　子どもたちは「違いということは，ひき算だよね。だから，式は4−1.8だ。」「整数は小数第一位がないから答えが分からない。どうやって計算すればいいの。」などと発言した。ここで，教師は以下のように発問した。

 「小数−小数」の問題はどうやって計算したかな。

位を揃えて計算した。

　子どもたちは「位を揃えれば正しい答えが見付けられそうだ。」という見通しをもち「4−1.8の計算の仕方を見付けてみたい。」という追求意欲を高めたところで，追求問題「◎4−1.8の計算の仕方はどうすればよいか。」を設定した。

展　開 (板書❷❸)

　子どもたちが「4−1.8」の筆算の仕方を見付ける活動を行う際に，教師は「4と1.8は，どの数が同じ位なのかを考えて計算してみよう。」と働きかけた。

　位を意識して計算した子どもたちは，以下の2つの答えを見いだした。

> 「4−1.8」は3.8になった。
>
> 「4−1.8」は2.2になった。

　教師が，「どちらの答えが正しいのかな。」と働きかけたところ，Aさんは空位の計算の仕方について以下のように発言した。

> 小数第一位がひけないからって，8をそのまま下ろしても正しい答えにならない。

他にも「位を揃えて数がないところに0を付けて計算すると2.2になるよ。」など，子どもたちは位を揃え，空位に0があるとして計算すると答えが2.2になることを見いだした。

答えを求めて満足している子どもたちに，教師は以下のように発問した。

 「整数－小数」の筆算の計算は，今までとは違っているね。

今までと違う計算の仕方だったから，計算のきまりを
見付けてみたい。

子どもたちの「計算のきまりを見付けてみたい。」という追求意欲を高めたところで，深める追求問題「☆整数－小数の筆算のきまりは何か。」を設定した。

子どもたちは，「4－1.8」の計算の仕方をもとにきまりを話し合った。話し合いの後，教師は以下のように発問した。

 どんなきまりがあるのかな。

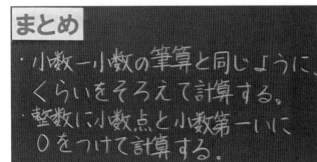

子どもたちは「整数の後ろに点を付けると位が揃えられるよ。」「何もない小数第一位に0を付けると計算できるよ。」などと発言した。そして，Cさんは以下のように発言した。

「4－1.8」は4に小数点と0を付けて「4.0－1.8」にして計算するといい。

子どもたちは，「整数は小数点や小数点以下の0を表さないきまりがあるんだね。」と発言するなど，「整数－小数」の計算場面では，整数に小数点を付けて位を揃え，空位に0を付けて計算すると既習のきまりを使って計算できることを見いだすことができた。

終　末（板書❹）

子どもたちは，「4－1.8」の筆算の計算方法を見いだす活動から「整数－小数の筆算は，小数－小数の筆算と同じように位を揃えて計算する。」という理解に加え，「整数－小数の筆算は，整数に小数点と小数第一位に0を付けて計算する。」という深い学びを獲得した。

（新発田　友理江）

どんな二等辺三角形や正三角形がかけるか

| 教　材 | 円上のドットを使って二等辺三角形や正三角形をつくり，規則性を確かめる活動 |
| 教　具 | ドット円，三角形がかかれたドット円 |

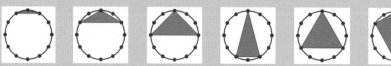

【追求問題】

| 追　求　問　題 | ◎ドット円の中に二等辺三角形や正三角形は何個つくれるか。 |
| 深める追求問題 | ☆ドットの数を使って二等辺三角形や正三角形かどうかを見分けることができるか。 |

本時における深い学び

　頂点と頂点の間のドットの数によって辺の長さがきまり，ドットの数を同じにすれば自由に二等辺三角形や正三角形をつくることができる。

　導入問題「ドット円の中に二等辺三角形や正三角形はつくれるかな。」を提示する。この問題は，ドットとドットをどのように結べば二等辺三角形や正三角形をつくることができるのかを考える学習である。多くの場合，子どもたちは辺の長さを直接見比べながらつくり，頂点と頂点の間にあるドットの数と辺の長さの規則性を使って作図することは稀である。

　作図した二等辺三角形や正三角形をドットの数によって順序よく並べたり，辺の長さとドットの数の関係を調べたりする活動を通して，等しい辺はドットの数が等しいことに気付かせ，ドットの数によって三角形を作図・分類する新たな見方・考え方をはぐくみたい。

■単元計画（本時　7／14　時間目）

・いろいろな三角形を仲間分けしよう。（4時間）

・コンパスを使って三角形をかこう。（2時間）

・円を使って三角形をつくろう。（2時間）

・三角形の角のきまりを調べよう。（2時間）

・二等辺三角形と正三角形の特徴を比較して調べよう。（2時間）

・学習を振り返り身に付けよう。（2時間）

Grade 1

Grade 2

Grade 3

Grade 4

Grade 5

Grade 6

板書事項	❶導入問題，正三角形や二等辺三角形の定義などの既習事項
	❷追求問題，二等辺三角形や正三角形がつくれたときの気付き
	❸深める追求問題，等しい辺に対応する弧の長さ（ドットの数）の気付き
	❹まとめ

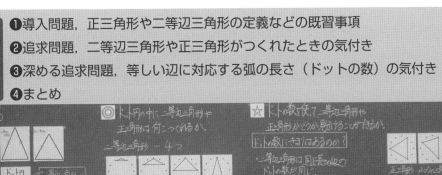

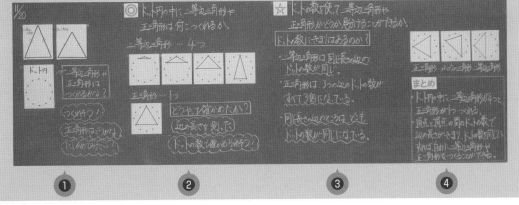

❶ ❷ ❸ ❹

■授業の計画

導入	T	（導入問題）ドット円の中に二等辺三角形や正三角形はつくれるかな。
	C	二等辺三角形はいろいろつくれそうだけど正三角形はどうかな。
	C	二等辺三角形や正三角形がいくつつくれるのか確かめてみたい。
	追求問題	◎ドット円の中に二等辺三角形や正三角形は何個つくれるか。
展開	T	二等辺三角形や正三角形になっているか確かめながら作図しよう。
	C	二等辺三角形は４つつくれた。
	C	正三角形は１つしかつくれなかった。
	T	二等辺三角形や正三角形であるということをどうやって確かめたのかな。
	C	辺の長さを測って確かめました。
	C	ドットの数を使っても調べられないかな。
	深める追求問題	☆ドットの数を使って二等辺三角形や正三角形かどうかを見分けることができるか。
	T	二等辺三角形や正三角形のとき，ドットの数にきまりがあるのかな。
	C	二等辺三角形は同じ長さの辺のドットの数が同じだ。
	C	正三角形は３つの辺のドットの数が全部３個になっている。
	C	同じ辺の長さのところはどこもドットの数が同じになっている。
終末	T	今日，分かったことはどんなことかな。
	C	ドット円の中に二等辺三角形は４つ，正三角形は１つつくれる。
	C	頂点と頂点の間のドットの数によって辺の長さがきまり，ドットの数を同じにすれば，自由に二等辺三角形や正三角形をつくることができる。

■授業の実際

導　入（板書❶）

最初に，既習の正三角形と二等辺三角形の定義とコンパスの
作図を確認した。その上で，ドット円を提示し，本時の導入問
題「ドット円の中に二等辺三角形や正三角形はつくれるかな。」
と働きかけた。

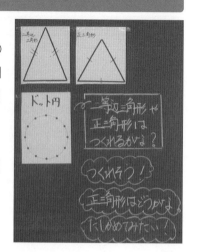

子どもたちは「二等辺三角形はいろいろつくれそうだけど，
正三角形はどうかな。」「たぶん正三角形もつくれると思うよ。」
とつぶやき始めた。ここで，教師は以下のように発問した。

 コンパスを使わなくても，二等辺三角形や
正三角形がつくれそうかな。

１つだけでなくていろいろな二等辺三角形や
正三角形がつくれるかもしれない。

子どもたちは，「ドットをつなぐといろいろな二等辺三角形や正三角形がつくれそうだ。」という見通しをもち「二等辺三角形や正三角形がいくつつくれるのか確かめてみたい。」という追求意欲を高めたところで，追求問題「◎ドット円の中に二等辺三角形や正三角形は何個つくれるか。」を設定した。

展　開（板書❷❸）

子どもたちが二等辺三角形や正三角形をつくる際に，教師は「二
等辺三角形や正三角形になっているか確かめながら作図しよう。」
と働きかけた。

Ａさんは，辺の長さに目を向けた。

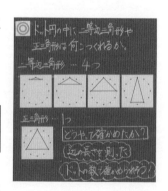

定規で辺の長さを確かめながらドットをつなぎ二等辺三角形を
１つつくった。

その後も辺の長さを確かめながら作図し，二等辺三角形は４つ，
正三角形は１つできることを確かめた。二等辺三角形や正三角形を
つくり満足している子どもたちに教師は，次のように発問した。

二等辺三角形や正三角形であるということをどうやって確かめたのかな。

辺の長さを測って確かめました。

　他にも「ドットの数を使っても調べられないかな。」など，子どもたちはドットの数に着目してきた。子どもたちの「ドットの数を使って調べてみたい。」という追求意欲を高めたところで，深める追求問題「☆ドットの数を使って二等辺三角形や正三角形かどうかを見分けることができるか。」を設定した。

　子どもたちは，一般三角形や二等辺三角形，正三角形がかかれたドット円を比較し，頂点と頂点の間のドットの数について話し合った。話し合いの後，教師は以下のように発問した。

 二等辺三角形や正三角形のとき，ドットの数にきまりがあるのかな。

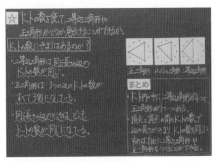

　子どもたちは「二等辺三角形は同じ長さの辺のドットの数が同じだ。」「正三角形は3つの辺のところのドットの数が全部3個になっている。」などと発言した。そして，Cさんは以下のように発言した。

同じ辺の長さのところはどこもドットの数が同じになっている。

　そこで，内接する一般三角形をいくつか提示し，二等辺三角形や正三角形かどうかをドットの数で判断させた。

　子どもたちは，等しい辺の長さに対応するドットの数は同じというきまりを見いだすとともに，ドットの数で辺の長さが等しいかどうか判断するようになった。

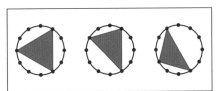

終　末（板書❹）

　子どもたちは，ドット円を使って二等辺三角形や正三角形をつくり，ドットのきまりを見付ける活動から「ドット円の中に，二等辺三角形が4つと正三角形が1つつくれる。」という理解に加え，「頂点と頂点の間のドットの数によって辺の長さがきまり，ドットの数を同じにすれば，自由に二等辺三角形や正三角形をつくることができる。」という深い学びを獲得した。

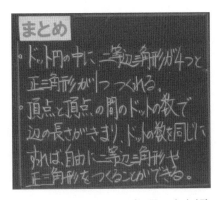

（目黒　幸士郎）

1 見つけよう！いろいろな四角形のきまり

教　材	ひし形の一部分（4分の1）の図を手掛かりに定義や性質をもとにして作図方法を見いだす活動
教　具	四つ折りにした折り紙をクリアホルダーに挟んだもの プリントに印刷したもの

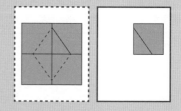

【追求問題】

追　求　問　題	◎どんな形のひし形になるのか。
深める追求問題	☆紙を切らないで正確なひし形がかけるか。

本時における深い学び

ひし形は，対角線の性質から作図することができる。

導入問題「四つ折りにした折り紙からひし形はできますか。」を提示する。この問題は，ひし形の「4つの辺がすべて等しい」という定義をもとに，ひし形の性質を考え，でき上がるひし形の形を考え作図していく学習である。子どもたちは，図形の角や辺などに着目して図形の定義や性質を見いだすことは容易であるが，対角線から図形の性質を見いだすことの意識は弱い。

ひし形の一部分を手掛かりに作図方法を検討する活動を通して，ひし形の性質を見いだしていくとともに，対角線からもひし形の性質を見いだし，図形に関する理解を深めたい。

■単元計画（本時　11／14　時間目）

・点をつないでいろいろな四角形をかこう。（1時間）

・垂直や平行を調べたりかいたりしよう。（5時間）

・台形を見付け，つくったりかいたりしよう。（2時間）

・平行四辺形をつくったりかいたりしよう。（2時間）

・ひし形をつくったりかいたりしよう。（2時間）

・対角線から四角形を調べよう。（1時間）

・学習のまとめをしよう。（1時間）

Grade 1
Grade 2
Grade 3
Grade 4
Grade 5
Grade 6

板書事項	❶既習事項の確認（ひし形の定義），導入問題（ひし形の一部分） ❷追求問題，ひし形ができることの説明 ❸深める追求問題，対角線からひし形の作図方法の気付き ❹まとめ

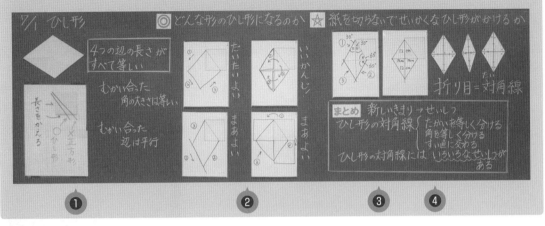

■授業の計画

導入	T	（導入問題）四つ折りにした折り紙からひし形はできますか。
	C	斜めに切ればひし形ができると思う。
	C	折り目の縦と横の部分が同じ長さにならないように切ればよい。

追求問題　◎どんな形のひし形になるのか。

展開	T	どんな形のひし形になりそうかな。プリントにかいてみよう。
	C	縦長のひし形になりそうです。（フリーハンド）
	C	この直角三角形，四つ分のひし形になると思う。（フリーハンド）
	T	ひし形を正確にかけるかな。
	C	直角三角形を正確に４つかけばできるはず。
	C	折り目（対角線の一部）を伸ばして，ひし形の中心から同じ長さになる場所をつなげばひし形になるはず。

深める追求問題　☆紙を切らないで正確なひし形がかけるか。

	T	どのようにして，正確なひし形をかきましたか。
	C	折り目が，ひし形の角をちょうど半分になっていることをもとにかいた。
	C	ひし形の折り目をそれぞれ２倍にしてかいた。
	C	ひし形の折り目からもきまりが見付かった。
終末	T	今日，分かったことはどんなことかな。
	C	ひし形の対角線は互いを等しく分け，角を等しく分け，垂直に交わる。
	C	ひし形の対角線には，いろいろな性質がある。

■授業の実際

導入（板書❶）

　既習のひし形の定義の確認後，本時の導入問題「四つ折りにした折り紙からひし形はできますか。」と，子どもたちに働きかけた。その際，折り方を見せながら教材提示を行った。子どもたちは，「斜めに切ればひし形ができると思う。」「折り目の縦と横の部分が同じ長さにならないように切ればよい。」などと発言した。ここで，教師は以下のように発問した。

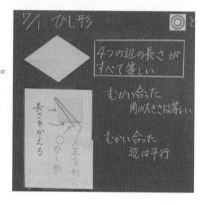

 では，どこを切ればよいのでしょうか。

縦の折り目から横の折り目に斜めに切ればいいよ。
線を見れば，だいたいひし形の形は分かるよ。

　教師が，黒板の教材に斜めの線を引くと，子どもたちは「そこそこ。」「もう，形が分かる。」と発言した。「ひし形のおおよその形が分かる。」という見通しをもち「ひし形の形を表したい。」という追求意欲を高めたところで，追求問題「◎どんな形のひし形になるのか。」を設定した。

展開（板書❷❸）

　教師は「どんな形のひし形になりそうかな。プリントにかいてみよう。」と働きかけた。

　Aさんは，ひし形の一部分から全体の形を考えた。

> 折り紙を切って開くと，縦長のひし形になりそうです。

　Bさんは，ひし形の一部分である直角三角形をもとに全体の形を考えた。

> この直角三角形がひし形の4分の1だから，この三角形の四つ分のひし形になると思う。

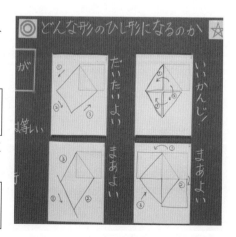

子どもたちは，プリントにひし形をかいた。「たぶん，この形になると思う。」「正確ではないけどね。」などと，おおよその形が予想できた子どもたちに，教師は以下のように発問した。

 ひし形を正確にかけるかな。

直角三角形を正確に４つかけばできるはず。

「折り目（対角線の一部）を伸ばして，ひし形の中心から同じ長さになる場所をつなげばひし形になるはず。」など，ひし形の作図方法の見通しをもち，作図への追求意欲を高めたところで，深める追求問題「☆紙を切らないで正確なひし形がかけるか。」を設定した。

子どもたちは，４人グループになりひし形の作図方法を話し合いながら作図を行った。すべてのグループが作図を終えたところで，教師は以下のように発問した。

 どのようにして，正確なひし形をかきましたか。

子どもたちは「折り目が，ひし形の角をちょうど半分になっていることをもとにしてかいた。」「ひし形の折り目をそれぞれ２倍にしてかいた。」などと発言した。そして，Ｃさんは以下のように発言した。

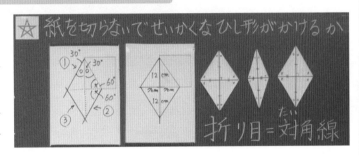

ひし形の折り目からもきまりが見付かった。

子どもたちは，ひし形の作図を通して，「折れ目＝対角線」からもひし形の性質を見付けることができた。

終　末（板書❹）

子どもたちは，グループで作図したひし形と，四つ折りにした折り紙を斜めに切ってつくったひし形を比べ，ひし形を正確に作図できていたことを確かめた。そして，ひし形を作図をする活動から「対角

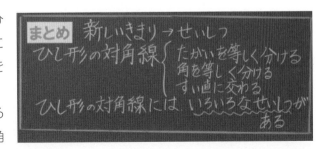

線は互いに等しく分ける。」「対角線は角を等しく分ける。」「対角線は垂直に交わる。」という理解に加え，「ひし形の対角線には，いろいろな性質がある。」という深い学びを獲得した。

（寺井　昌人）

2 商の立つ位はどこか

> | 教　材 | 「3けた÷2けた」の筆算で商の立つ位を確かめる活動 |
> | 教　具 | 一の位に商の立つ筆算（既習事項）／10や100の束／十の位に商の立つ筆算 |
>
> 【追求問題】
> | 追　求　問　題 | ◎252÷12の商が立つ位はどこか。 |
> | 深める追求問題 | ☆商が立つ位の決め方はないか。 |

本時における深い学び

　「3けた÷2けた」の筆算で，商が立つ位はわる数とわられる数の上2けたの大小比較によって見付けることができる。

　「2けたでわるわり算」の単元を通して，除数と被除数を切り下げて商の見当を付けながら，わり算の筆算を行ってきた。その際，一の位に商を立てて答えを出すことができた。

　単元の7時間目となる本時では，導入問題「色紙が252枚あります。12人で同じ数ずつ分けると，一人分は何枚になるでしょう。」を提示する。この問題は，除数と被除数を比べて商の立つ位を考え，その決め方を見いだす学習である。「3けた÷2けた」の筆算では，被除数と除数の数値により商の立つ位が異なる。しかし，子どもたちは，除数と被除数の上2けたの大小を比べることで，商の立つ位を判断する意識は弱い。

　商の立つ位が異なる2つの筆算（既習の筆算と本時の筆算）について，除数と被除数の大小比較から商の立つ位を考えることで，除数の方が大きいときは一の位に，小さいときは十の位に商が立つことを見いだすことができる。このことで，除数と被除数の上2けたの大小比較で，商の立つ位が決まるという理解を深めたい。

■単元計画（本時　7／12　時間目）

・何十でわるわり算の商を求めよう。（2時間）

・「2けた÷2けた」の筆算の仕方を考えよう。（4時間）

・「3けた÷2けた」「3けた÷3けた」の筆算の仕方を考えよう。（3時間）

・わり算のきまりを調べよう。（1時間）

・学習を振り返り身に付けよう。（2時間）

<table>
<tr><td rowspan="4">板書事項</td><td>❶導入問題，仮商の見当，既習事項の確認</td></tr>
<tr><td>❷追求問題，商の大きさの見当，商の確かめ，10や100の束の確認</td></tr>
<tr><td>❸深める追求問題，商が立つ位と除数・被除数の大小関係との気付き</td></tr>
<tr><td>❹まとめ</td></tr>
</table>

❶　❷　❸　❹

■授業の計画

導入	T	（導入問題）色紙が252枚あります。12人で同じ数ずつ分けると，一人分は何枚になるでしょう。
	C	252÷12を250÷10で考えると，仮の商は25だよ。
	C	今まで十の位に商を立てたことがないけど，立てていいのかな。

追求問題 ◎252÷12の商が立つ位はどこか。

展開	T	100の束と10の束を使って分け方を考えよう。
	C	すべて10の束にすると24個ある。だから10の束は一人２個になるはず。
	C	250は10の束が25個，12人で分けると一人２個なので，十の位に２を立てると思う。
	T	商が一の位と十の位に立つパターンがあるね。立つ位は何で決まるのかな。
	C	わられる数とわる数の大きさに関係しているみたい。
	C	どんなきまりがあるか調べてみたい。

深める追求問題 ☆商が立つ位の決め方はないか。

	T	商が立つ位を決めるには，わられる数とわる数のどこの数を比べたらいいのかな。
	C	わる数が，わられる数の上２けたより大きいときは，商は一の位に立つよ。
	C	わる数とわられる数の上２けたの数を比べると，商が十の位と一の位のどちらに立つかはっきりするね。

終末	T	今日，分かったことはどんなことかな。
	C	252÷12の商は十の位から立つことが分かった。
	C	「3けた÷2けた」の筆算では，商が立つ位はわられる数とわる数の上２けたの大きさを比べると決まることが分かった。

■授業の実際

導　入（板書❶）

　最初に，既習問題である「326÷36」の筆算を復習した。
ここで，除数と被除数の一の位の数を0と見て立式してきた
子どもたちは，「320÷30」と考えて「仮の商が10以上のとき
は9を立てる」こと，仮の商の9は「一の位に立てる」こと
を確認した。その上で，導入問題「色紙が252枚あります。
12人で同じ数ずつ分けると，一人分は何枚になるでしょう。」
を提示した。

　子どもたちは「252÷12を250÷10で考えると，仮の商は25
だよ。」「今まで十の位に商を立てたことがないけど，立てていいのかな。」などと発言した。
ここで，教師は以下のように発問した。

> 今までのように仮の商を9として，
> 商を一の位に立てるとどうかな。

> 9だと余りが多くなるから，
> 一の位に商は立たないと思う。

　子どもたちは「一の位に商が立たないのではないか。」という問題意識をもち「商をどこに
立てたらよいのかはっきりさせたい。」という追求意欲を高めたところで，追求問題「◎252÷
12の商が立つ位はどこか。」を設定した。

展　開（板書❷❸）

　束を用いて筆算の商の立つ位について考えてきた子どもた
ちに「100の束と10の束を用いて分け方を考えよう。」と働き
かけた。子どもたちは「100の束が2個だから，すべて10の
束にすると24個ある。だから10の束は一人2個になるはず。」
「だったら，仮の商は十の位に2を立てればいいのかな。」と
発言した。そして，仮の商の2を十の位に立てて筆算を進め，
真の商21を見付けた。

　その後，教師は「今まで，仮の商が10より大きいときは9
にして一の位に立てたのに，なぜ商の2は，十の位に立ててよいのかな。」と働きかけた。

　Aさんは，筆算の除数と被除数に着目し，発言した。

> 25の中には12が2つ入るから，十の位に2を立ててもよいと思う。

また，他の子どもたちは次のように発言した。

> 250には10の束が25個，12人で分けると一人2個なので，十の位に2を立てると思う。

子どもたちは，十の位に商の2が立つ意味を理解し，確かめ算でも，商が21であることを確認した。

問題を解決して満足している子どもたちに，教師は商が立つ位が異なる2つの筆算（既習の筆算と本時の筆算）を提示し，以下のように発問した。

 商が一の位と十の位に立つパターンがあるね。立つ位は何で決まるのかな。

わられる数とわる数の大きさに関係しているみたい。

子どもたちの「どんなきまりがあるか調べてみたい。」という追求意欲を高めたところで，深める追求問題「☆商が立つ位の決め方はないか。」を設定した。

子どもたちは，商が立つ位が異なる2つの筆算を比べながら，商が立つ位についてグループで話し合った。その後，教師は以下のように発問した。

 商が立つ位を決めるには，わられる数とわる数のどこの数を比べたらいいのかな。

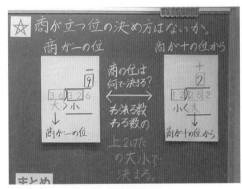

子どもたちは「わる数が，わられる数の上2けたより大きいときは，商は一の位に立つよ。」「反対に，わる数の方が小さいときは，十の位に商が立つね。」などと発言した。Cさんは以下のように発言した。

> わる数とわられる数の上2けたの数を比べると，商が十の位と一の位のどちらに立つかはっきりするね。

子どもたちは，「上2けたの数を比べるだけで，商が立つ位が分かる。」と発言するなど，除数と被除数の大小比較で商が立つ位が決まることを見いだすことができた。

終　末（板書❹）

子どもたちは，「3けた÷2けた」の筆算から「252÷12の商は，十の位から立つ。」という理解に加え，「『3けた÷2けた』の筆算では，商が立つ位はわられる数とわる数の上2けたの大小比較によって決まる。」という深い学びを獲得した。

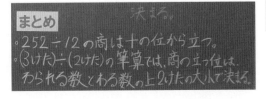

（安原　雄貴）

3 4つに分かれた長方形の面積はどのように求めるのか

| 教　　材 | 長方形の畑に道が通っている場合の面積を求める活動 |
| 教　　具 | 畑と2本の道を示した図（板書用と子どもの操作活動用）／畑と2本の道を別々に示した図／プレゼンテーションソフト（道の移動を動的に可視化） |

【追求問題】

| 追　求　問　題 | ◎4つに分けられた長方形の面積を求めよう。 |
| 深める追求問題 | ☆道をどう動かせば長方形（畑）の面積は求められるのか。 |

本時における深い学び

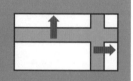

　長方形（畑）の中の2本の道を端に動かせば，簡単に畑の部分の面積を求めることができる。

　導入問題「長方形の畑に，幅10mの道が通っています。畑の面積は何㎡ですか。」を提示する。この問題は，道を含む長方形の畑から縦・横2本の道を除いた4つの長方形の畑の面積の和を考える学習である。問題では，4つの長方形の縦と横の長さが不明だが，長方形全体の縦と横の長さや道幅から，4つの長方形を動かして1つの長方形にすれば求積できる。その際，4つの長方形を動かす方法でも，2本の道を端に動かす方法でも求積できるという発想は弱い。

　示された数値を使って畑の縦と横の長さを考えたり，図を使って畑や道を動かしたりする活動を通して，様々な求積方法を見いだすとともに道を端に動かすと簡単に面積を求められることに気付かせ，等積移動についての理解を深めたい。

■単元計画（本時　9／11　時間目）

・広さの表し方や求め方を調べよう。（3時間）

・いろいろな形の面積を求めよう。（3時間）

・大きい面積について調べよう。（2時間）

・道のある畑の面積を求めよう。（1時間）

・学習を振り返り身に付けよう。（2時間）

板書事項	
	❶導入問題，長方形の畑の中に道が通っている問題場面の確認
	❷追求問題，４つの長方形を合わせた面積，図を見たときの気付き
	❸深める追求問題，道を動かして考えたときの気付き
	❹まとめ

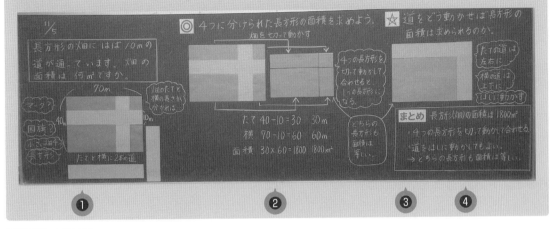

■授業の計画

導入	T	（導入問題）長方形の畑に，幅10m の道が通っています。畑の面積は何㎡ですか。
	C	縦と横，２本の道が通っているということだね。小さい畑が４つだ。
	C	４つに分けられた長方形はどれも縦と横の長さが分からないよ。４つの長方形を合わせると何㎡になるのかな。
	追求問題	◎４つに分けられた長方形の面積を求めよう。
展開	T	長方形を見付けて面積を求めてみよう。
	C	４つ長方形を切って動かして，１つの大きな長方形にすれば面積を求められそう。
	C	動かして合わせた長方形の縦の長さは，「40－10＝30」です。横の長さは，「70－10＝60」です。つまり，「30×60＝1800」と求めることができます。
	T	４つの長方形を動かさないと面積は求められないのかな。
	C	道を動かして長方形にすれば面積を求められるんじゃないかな。
	深める追求問題	☆道をどう動かせば長方形（畑）の面積は求められるのか。
	T	道をどこに動かせば長方形ができるのかな。
	C	横の道は上下のどちらかに動かすと端に寄って，長方形の畑をつくることができるよ。
	C	道を端に動かしてできた長方形の縦の長さと横の長さは，４つの長方形を合わせた長方形と等しいから面積は変わらない。
終末	T	今日，分かったことはどんなことかな。
	C	４つの長方形を切って合わせれば１つの長方形になり，面積が求められた。
	C	畑を動かさなくても，道を端に動かせば長方形ができて，面積を求められた。

第2章　主体的・対話的で深い学びを実現する追求問題＆板書モデル　85

用意する教材・教具

板　書：畑と２本の道を示した図／畑と２本の道を別々に示した図
子ども：畑と２本の道を示した図（縮小版：操作活動・ノート添付用）／マジック

導　入（板書❶）

最初に，導入問題の図を提示した。子どもたちは，「何かのマークかな。」「どこかの国旗みたい。」と発言した。その上で，本時の導入問題「長方形の畑に，幅10m の道が通っています。畑の面積は何㎡ですか。」と子どもたちに提示した。

子どもたちは「縦と横，２本の道が通っているということだね。小さい畑が４つだ。」と発言した。ここで，教師は以下のように発問した。

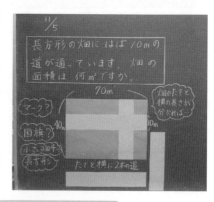

 畑を長方形と見たとき，何が分かれば面積が求められそうかな。

４つに分けられた長方形はどれも縦と横の長さが分からないよ。
４つの長方形を合わせると何㎡になるのかな。

子どもたちは「畑を長方形と見て，縦と横の長さが分かれば，面積が求められそう。」という見通しをもち，「４つの長方形の面積は何㎡になるのかな。」という追求意欲を高めたところで，追求問題「◎４つに分けられた長方形の面積を求めよう。」を設定した。

展　開（板書❷❸）

畑の面積を求めるために，長方形に着目している子どもたちに，教師は「長方形を見付けて面積を求めてみよう。」と働きかけた。

Aさんは，既習をもとに具体物を使って考えた。

> ４つ長方形（畑）を切って動かして，１つの大きな長方形にすれば面積を求められそう。

Bさんは，数値から縦と横の長さに目を向けた。

> 動かして合わせた長方形の縦の長さは，「40−10＝30」です。横の長さは，「70−10＝60」です。つまり，「30×60＝1800」と求めることができます。

畑の面積を求めることができ，満足している子どもたちに，教師は

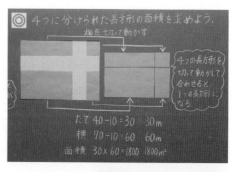

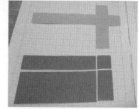

以下のように発問した。

４つの長方形を動かさないと面積は求められないのかな。

道を動かして長方形にすれば面積を求められるんじゃないかな。

子どもたちの「道を動かした場合も，長方形をつくることができれば，面積を求められるかもしれない。」という追求意欲を高めたところで，深める追求問題「☆道をどう動かせば長方形（畑）の面積は求められるのか。」を設定した。

子どもたちは，実際に畑と２本の道を別々にした図を使って，４人グループでどのように道を動かして面積を求めればよいかを話し合った。話し合いの後，教師は以下のように発問した。

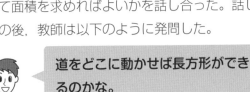

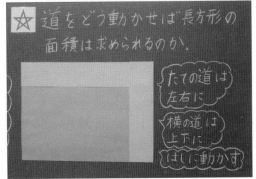

道をどこに動かせば長方形ができるのかな。

子どもたちは「縦の道は左右のどちらかに動かせばいいね。」「横の道は上下のどちらかに動かすと端に寄って，長方形の畑をつくることができるよ。」などと発言した。これをもとに，教師はプレゼンテーションソフトを用いて，道の移動を動的に可視化した。(下図を左から順に提示)

その後，Ｃさんは以下のように発言した。

道を端に動かしてできた長方形の縦の長さと横の長さは，４つの長方形を合わせた長方形と等しいから面積は変わらない。

子どもたちは「道を端に寄せると，縦と横の長さから道の幅をひけば，面積が求められるね。」と発言するなど，簡単に畑の面積を求める方法を見いだすことができた。

終 末（板書❹）

子どもたちは，長方形の畑に道が通っている場合の面積を求める活動から「４つの長方形を切って動かして合わせれば１つの長方形になり，面積を求められる。」という理解に加え，「道を端に動かしても面積を求められる。（どちらの長方形も面積は等しい。）」という深い学びを獲得した。

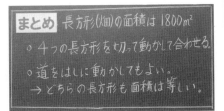

（長井　茂）

4 学校でけがをする人をへらすにはどうしたらよいか

| 教　材 | 「時間帯」を入れた表をつくり，分かったことを話し合う活動 |
| 教　具 | 「場所・種類」「時間帯・場所」「時間帯・種類」を組み合わせた３つの表 |

けがをした「場所」と種類／けがをした「時間帯」と場所／けがをした「時間帯」と種類

【追求問題】

| 追　求　問　題 | ◎「時間帯」を入れた表をつくると，どのようなことが分かるか。 |
| 深める追求問題 | ☆けがをする人を減らすためにどの表を選んで伝えるか。 |

本時における深い学び

　観点を変えて分類整理すると読み取れる集団の特徴や傾向が変わるので，目的に応じて観点を選ぶことが大切である。

　本単元の取り扱いは，ややもすると表の作成に関する技能の習得が中心になりがちである。目的によって資料を収集して，分かりやすく分類整理し，特徴を調べる一連の統計的な処理能力を培うことがおろそかになりやすい。こうした問題点を克服するためには，一人一人の子どもに目的意識をもたせ，目的に応じた統計的処理と判断を促すことが大切である。

　そこで「学校でのけがを減らす」という共通の目的のもと，子ども自身が強く訴えたいことに応じた観点について考えさせ，適切に観点を選ぶ大切さに気付かせていきたい。

■単元計画（本時　５／６　時間目）

・学校でけがをする人について調べよう。（１時間）

・「時間帯」「場所」「種類」を観点にして，けがをした人数を調べよう。（１時間）

・「場所」と「種類」に着目してけがをした人数を表にすると，どんなことが分かるか考えよう。（２時間）

・「時間帯」を入れて表をつくって調べよう。（１時間）

・けがをした人や具合が悪くなって保健室を利用した人数を表に表してみよう。（１時間）

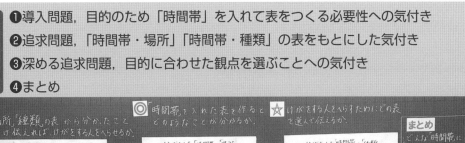

❶導入問題，目的のため「時間帯」を入れて表をつくる必要性への気付き

❷追求問題，「時間帯・場所」「時間帯・種類」の表をもとにした気付き

❸深める追求問題，目的に合わせた観点を選ぶことへの気付き

❹まとめ

板書事項

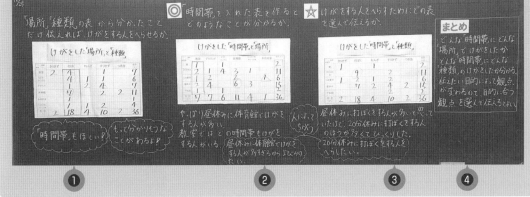

❶　　　　　　　❷　　　　　　　　❸　　　❹

■授業の計画

導入	T	（導入問題）前回，「場所」「種類」で表をつくって調べたね。そこから分かったことを伝えれば，学校でけがをする人を減らせそうかな。
	C	まだ「時間帯」について調べてないよ。
	C	いつどこでけがをしたかとか，もっと分かりそうなことがあるよ。
		追求問題　◎「時間帯」を入れた表をつくると，どのようなことが分かるか。
展開	T	「時間帯」ともう1つの観点を自分で決め，表をつくって調べてみよう。
	C	やっぱり昼休みに体育館でけがをしている人が多いことが分かった。
	C	昼休みに打撲をした人が一番多いと思ったけど，20分休みが多かったね。
	T	けがをする人を減らすために，3つの表のうちどれを選んで全校に呼び掛ければよいかな。
	C	昼休みに体育館でけがをする人が多いから，「時間帯」「場所」の表かな。
	C	昼休みに打撲をする人が多いから，「時間帯」と「種類」の表かな。
		深める追求問題　☆けがをする人を減らすためにどの表を選んで伝えるか。
	T	けがをする人を減らすという目的は同じなのに，選ぶ表は同じにならないのかな。
	C	人によって違うと思うよ。
	C	けがをする人を減らす目的は同じでも伝えたいことによって選ぶ表が変わる。
終末	T	今日，分かったことはどんなことかな。
	C	時間帯を入れて表をつくると，どんな「時間帯」にどんな「場所」で，どんな「時間帯」にどんな「種類」のけがをしたか分かる。
	C	伝えたいことによって観点を決めたり，表をつくったりすることが大切だな。

■授業の実際

導　入（板書❶）

　最初に，前時に作成した「場所」「種類」を組み合わせた表を
掲示し「この表から分かったことを伝えれば学校でけがをする
人を減らせそうかな。」と働きかけた。子どもたちは「十分じゃ
ない。」「まだ時間帯について調べていないよ。」と発言した。そ
こで，教師が「場所と種類の表だけで十分じゃないの。」と働き
かけた。「時間帯を入れると，いつどんなけがが多いか分かり
そうだよ。」「いつけがが起きたかも大事だから必要だよ。」と
子どもたちが発言したことを受け，以下のように発問した。

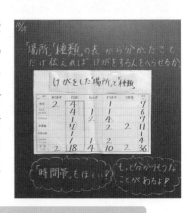

 例えば「時間」と「場所」で表をつくるとどんなことが分かりそうかな。

いつどこでけがをした人が多いか分かるよ。

　子どもたちは「実際に表をつくってみればよさそうだ。」という見通しをもち，「時間帯を入
れた表をつくると何が分かるのかはっきりさせたい。」と追求意欲を高めたところで，追求問
題「◎『時間帯』を入れた表をつくると，どのようなことが分かるか。」を設定した。

展　開（板書❷❸）

　教師は「時間帯ともう１つの観点を自分
で決め，表をつくって調べてみよう。」と
働きかけた。子どもたちは自分で「時間
帯」と「場所」・「種類」の観点を組み合わ
せて，２つの表をつくった。

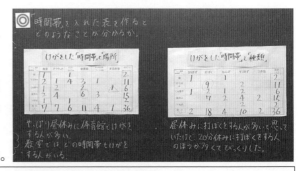

　Aさんは，「時間帯」「場所」に着目した。

やっぱり昼休みに体育館でけがをしている人が多いことが分かった。

　Bさんは，「時間帯」「種類」に着目した。

昼休みに打撲をした人が一番多いと思ったけど，20分休みに打撲をした人が多いからびっ
くりした。

　他にも，「教室ではどの時間帯でもけがをする人がいるんだ。」など，表から分かったことを
発言した子どもがいた。

「時間帯」を入れた「時間帯」と「場所」，「時間帯」と「種類」の表から読み取って分かったことを挙げ，満足している子どもたちに，教師は以下のように発問した。

 けがをする人を減らすために，3つの表のうちどれを選んで全校に呼び掛ければよいかな。

昼休みに体育館でけがをする人が多いから，「時間帯」「場所」の表かな。

他にも「昼休みに打撲をする人が多いから気を付けてって呼び掛けないとけがをする人は減らないから，『時間帯』と『種類』の表かな。」など，自分なりに必要だと思う2つの観点に着目してきた。子どもたちの「表を選んで全校に呼び掛けたい。」という追求意欲を高めたところで，深める追求問題「☆けがをする人を減らすためにどの表を選んで伝えるか。」を設定した。

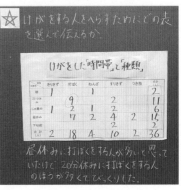

子どもたちは，表を選びその理由をノートに記述した。そして，グループで共有する中で「体育館は狭いから，ぶつかってけがをしないようにしてほしい。」「休み時間に慌てて遊びに出ようとすると，廊下でぶつかってけがをするから気を付けてくださいと伝えるべきだ。」など，自分の考えを伝え合った。そこで，教師は次のように発問した。

 けがをする人を減らすという目的は同じなのに，選ぶ表は同じにならないのかな。

子どもたちは「人によって違うよ。」「どの表も大事だよ。」などと発言した。その後，Cさんは以下のように発言した。

けがをする人を減らすという目的は同じでも，伝えたいことによって選ぶ表が変わるね。

子どもたちは「伝えたいことによって観点を決めたり，表をつくったりすることが大切だと思った。」と発言するなど，目的は同じでも伝えたい内容によって選択する表が違うと気付くことができた。

終　末（板書❹）

子どもたちは，「時間帯」を入れた表をつくる活動から，「どんな『時間帯』にどんな『場所』で，どんな『時間帯』にどんな『種類』のけがをしたか分かる。」という理解に加え，「伝えたい目的によって観点が変わるので，目的に合う観点を選んで伝えるとよい。」という深い学びを獲得した。

(久住　勇也)

1 より簡単にできる方法は何か

| 教　材 | 異分母分数のたし算の通分方法を比較して，計算のコツを見いだす活動 |

教　具　用語が書いてある紙／分数の面積図

分母が同じ　分母がちがう　分母×分母

分母はそのまま　最小公倍数
分子はたす　約分　通分

【追求問題】

追　求　問　題　◎分母の違うたし算はどう
　　　　　　　　　すればよいか。

深める追求問題　☆パッと計算できるコツは何か。

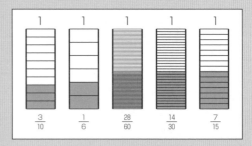

本時における深い学び

　異分母分数のたし算は，最小公倍数で通分すると約分する回数が減ったり，より小さな数でたし算できたりして，楽に計算ができる。

　導入問題「$\frac{3}{10}+\frac{1}{6}$」を提示する。この問題は，異分母を同分母にすれば計算できることに気付き，通分して計算する方法を考える学習である。答えを求めるには通分と約分をしなければならないことから，通分の仕方による「分子のたし算の容易さ」と「答えの分数を既約分数にするための約分の回数の違い」に着目させ，合理的な異分母分数の計算について考えさせることができる。

　子どもたちは「通分するときは通常最小公倍数を分母にする。」と考えているが，最小公倍数で通分することのよさを自覚しないまま計算していることが多い。

　異分母分数のたし算の計算方法を考えたり比較したりする活動を通して，最小公倍数で通分したときの「計算の容易さ」や「手順の少なさ」に気付かせ，効率的な計算処理をしようという意欲を高め，分数のたし算の通分方法について理解を深めたい。

■単元計画（本時　5／10　時間目）

・大きさの等しい分数を学ぼう。（4時間）

・分母の違う分数のたし算の計算をしよう。（2時間）

・分母の違う分数のひき算の計算をしよう。（3時間）

・学習を振り返り身に付けよう。（1時間）

板書事項

❶既習事項の確認，導入問題

❷追求問題，異分母分数のたし算の通分方法の見通し

❸深める追求問題，通分方法の比較を通して，効率良い計算のコツを探る

❹まとめ

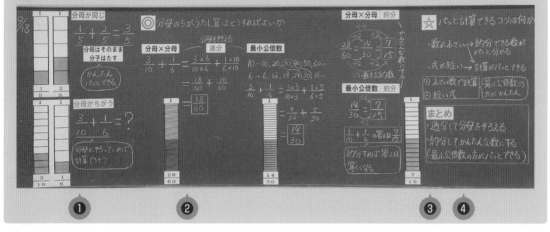

■授業の計画

導入	T	（導入問題）$\frac{3}{10}+\frac{1}{6}$ はいくつかな。
	C	分母を通分して分母を揃えればできると思うけど，いくつに揃えればいいのかな。
	C	分母をかけた数を分母にすると，分母が大きな数になるな。
	追求問題	◎分母の違うたし算はどうすればよいか。
展開	T	どのように計算したかな。
	C	分母×分母で考えたら $\frac{3}{10}+\frac{1}{6}=\frac{18}{60}+\frac{10}{60}=\frac{28}{60}$ となったよ。（A）
	C	最小公倍数で考えたら $\frac{3}{10}+\frac{1}{6}=\frac{9}{30}+\frac{5}{30}=\frac{14}{30}$ となったよ。（B）
	C	どちらも約分できて $\frac{7}{15}$ になるよ。方法は違っても約分すれば答えは等しい。
	T	２つの方法のどちらの方法を使うとよいのだろう。
	C	どっちのやり方もよいところがあるけど…どっちがいいのかな。
	深める追求問題	☆パッと計算できるコツは何か。
	C	最小公倍数で通分すると１回で約分ができたからパッとできたね。
	C	分母を揃えるだけなら分母同士をかける通分は楽だ。
	C	数が大きいと，１回約分してもまだ約分できるかもしれない。
	C	最小公倍数で揃えると，分母と分子の数が小さいから計算が簡単だな。
終末	T	今日分かったことはどんなことかな。
	C	分母の違う分数のたし算は，通分して分母を揃える。
	C	最小公倍数で通分すると，数が小さくなってパッとできる。

第2章　主体的・対話的で深い学びを実現する追求問題＆板書モデル　93

用意する教材・教具

板　書：用語が書いてある紙／分数の面積図

導　入（板書❶）

　既習である同分母分数のたし算の問題を掲示した。ここで，分母が同じであれば計算できることを面積図と式で確認した。

　次に，本時の導入問題である異分母分数のたし算の問題と面積図を提示し，以下のように子どもたちに発問した。

$\dfrac{3}{10}+\dfrac{1}{6}$ はいくつかな。

分母を通分して同じ数に揃えればできると思うけど，いくつにそろえればいいのかな。

　すると，「分母をかけた数を分母にすると，分母が大きな数になるな。面倒だ。」と発言が続いた。子どもたちが「通分すれば計算できそうだ。」という見通しをもち，「計算して答えを求めたい。」という追求意欲を高めたところで，追求問題「◎分母の違うたし算はどうすればよいか。」を設定した。

展　開（板書❷❸）

　個人の追求の後，教師が「どのように計算しましたか。」と働きかけた。

　Aさんは，分母の10と6をかけて通分した。

$$\dfrac{3}{10}+\dfrac{1}{6}=\dfrac{3\times6}{10\times6}+\dfrac{1\times10}{6\times10}$$
$$=\dfrac{18}{60}+\dfrac{10}{60}=\dfrac{28}{60}$$

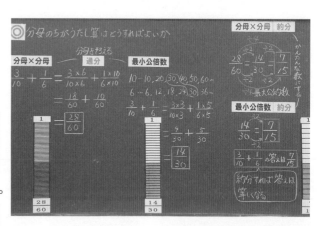

　Bさんは，最小公倍数の30で通分した。

$$\dfrac{3}{10}+\dfrac{1}{6}=\dfrac{3\times3}{10\times3}+\dfrac{1\times5}{6\times5}$$
$$=\dfrac{9}{30}+\dfrac{5}{30}=\dfrac{14}{30}$$

　通分することはどちらも共通だが，答えが異なることに戸惑う子どもの様子が見られた。そこで，教師が面積図を掲示したところ，子どもたちは「目盛りの数が違うけど，量は一緒だ。」「約分すれば同じになるよ。」などと発言した。これを受けて，教師は以下のように発問した。

同じ計算でも，別な答えになるのかな。

分数は簡単な数で表すから，$\frac{28}{60}$は約分して$\frac{14}{30}$だよ。

　子どもたちは「まだ簡単にできる。」「どちらも約分できて$\frac{7}{15}$になるよ。」と発言した。教師が面積図を提示すると，子どもたちは「やっぱり$\frac{7}{15}$だ。」「約分すると目盛りも分かりやすい。」と発言し，答えに自信をもった様子であった。ここで，教師は次のように発問した。

 2つの方法のどちらの方法を使うとよいのだろう。

　Ｃさんは，「最小公倍数を見付けるのは面倒だし…どっちがいいのかな。」と発言した。子どもたちが「2つの方法のどちらがより簡単にできるのだろう。」という追求意欲を高めたところで，深める追求問題「☆パッと計算できるコツは何か。」を設定

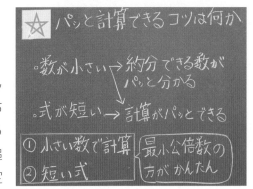

した。教師は，「自分がやった方法とは別の方法（ＡはＢで，ＢはＡで）でやってみよう。」と働きかけた。

　グループで話し合った後，子どもたちは，最小公倍数の通分について次のように発言した。

「数が小さい方が約分しやすい。」「最小公倍数で通分すると1回で約分ができたからパッとできたね。」「式が短いとすっきりしていい。」

　また，分母同士の乗法の通分について次のように発言した。

「分母を揃えるだけなら分母同士をかける通分は楽だ。」「数が大きいと，約分してもまだ約分できるかもしれない。」

　自力解決では分母同士の乗法で通分していたＣさんは「最小公倍数で揃えると，分母と分子の数が小さいから計算が簡単だな。」と発言した。子どもたちは，2通りの方法を比較し，それぞれのよさを見いだすことができた。

　終　末（板書❹）

　子どもたちは，異分母分数のたし算の2通りの通分方法を比較する活動から「通分して分母を揃えて計算する。約分して簡単な数にする。」という理解に加え，「最小公倍数で通分すると計算がパッとできる。」という深い学びを獲得した。

（田村　俊貴）

2 台形の面積はどのように求めればよいか

| 教　材 | 既習の図形の求積方法を用いて，台形の求積方法を公式化する活動 |

| 教　具 | 台形の面積の求め方を説明するための図
上底と下底の長さを変えられる図（ICT） |

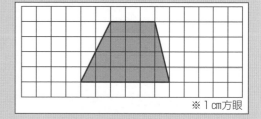
※1cm方眼

【追求問題】

| 追 求 問 題 | ◎台形の面積は，どのような公式で求められるのか。 |

| 深める追求問題 | ☆台形の面積を求める公式は，他の図形にも使えるのか。 |

本時における深い学び

　台形の上底（下底）の長さを変えると平行四辺形や三角形になるため，平行四辺形や三角形の面積は台形の求積公式を用いて求めることができる。

　導入問題「次の図形の面積を求めましょう。」と台形の図を提示する。この問題は，既習の図形の求積公式を活用し，台形の面積の求め方を考える学習である。子どもたちは，求積公式を学習すると公式に数字を当てはめて求積することに終始してしまいがちである。また，学習した求積公式同士の関連性や共通点には着目しない傾向にある。

　台形の求積公式が，他の図形の求積にも用いることができるかを確認する活動や図形の構成要素をもとに，活用できる理由について考える活動を通して，求積公式の関連性や共通点について気付かせ，求積の理解を深めたい。

■単元計画（本時　9／12　時間目）

・平行四辺形の面積の求め方を考えよう。（4時間）

・三角形の面積の求め方を考えよう。（4時間）

・台形の面積の求め方を考えよう。（1時間）

・ひし形の面積の求め方を考えよう。（1時間）

・一般四角形の面積の求め方を考えよう。（1時間）

・学習を振り返り身に付けよう。（1時間）

Grade 1
Grade 2
Grade 3
Grade 4
Grade 5
Grade 6

<table>
<tr><td rowspan="4">板書事項</td><td>❶平行四辺形と三角形の求積公式など，既習事項の確認，導入問題</td></tr>
<tr><td>❷追求問題，台形の求積方法の比較と公式化</td></tr>
<tr><td>❸深める追求問題，台形の求積公式が使える理由</td></tr>
<tr><td>❹まとめ</td></tr>
</table>

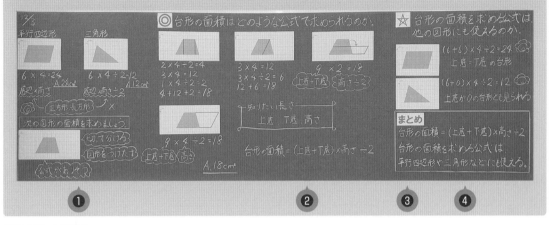

❶　❷　❸　❹

■授業の計画

導入	T	（導入問題）次の図形の面積を求めましょう。
	C	切って分ければ求められそう。
	C	平行四辺形や三角形のように，台形にも公式がありそうだ。
	追求問題	◎台形の面積は，どのような公式で求められるのか。
展開	T	どのようにすれば面積を求められたかな。
	C	縦に2本補助線を引くと，2つの直角三角形と1つの長方形ができる。
	C	同じ台形をくっつけると平行四辺形ができる。
	T	台形のどの部分の長さが分かれば，面積を求められるかな。
	C	上の辺と下の辺の長さ，高さが分かれば求められるね。
	C	「（上底＋下底）×高さ÷2」で求められるね。
	T	平行四辺形の公式が長方形に使えたように，台形の公式も他の図形に使えるかな。
	C	平行四辺形は，台形と似ているから求められそう。
	深める追求問題	☆台形の面積を求める公式は，他の図形にも使えるのか。
	T	台形の公式はどんな図形に使えるのかな。
	C	平行四辺形にも三角形にも使えるね。
	C	平行四辺形や三角形は「上底の長さが特別な台形」と見ることができるね。
終末	T	今日，分かったことはどんなことかな。
	C	台形の面積＝（上底＋下底）×高さ÷2。台形の面積を求める公式は，平行四辺形や三角形などにも使える。

■授業の実際

導入（板書❶）

最初に，既習問題である「平行四辺形」と「三角形」の求積公式を復習した。ここで，「三角形と平行四辺形は底辺と高さが分かれば面積が求められること」「平行四辺形の求積公式は正方形や長方形の求積にも活用できること」を確認した。その上で，本時の導入問題「次の図形の面積を求めましょう。」と台形の図を示しながら子どもた

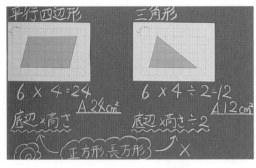

ちに働きかけた。子どもたちは既習をもとに「切って分ければ求められそう。」「図形を付けたせば求められそう。」などと発言した。ここで，教師は以下のように発問した。

 台形にも面積を求める公式はあるのかな。

平行四辺形や三角形のように，台形にも公式がありそうだ。

子どもたちが「台形にも求積公式がありそうだ。」という見通しをもち，「面積を求めて公式を見付けたい。」という追求意欲を高めたところで，追求問題「◎台形の面積は，どのような公式で求められるのか。」を設定した。

展開（板書❷❸）

個人の追求の後に，教師は「どのようにすれば面積を求められたかな。」と働きかけた。

Aさんは，補助線を引いて求積可能な図形に分割する方法に目を向けた。

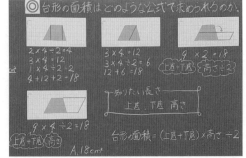

| 縦に2本補助線を引くと，2つの直角三角形と1つの長方形ができる。 |

Bさんは，補助線を引いて補完し，求積可能な図形にする方法に目を向けた。

| 同じ台形をくっつけると平行四辺形ができる。 |

他にも平行四辺形と三角形に分ける，高さの半分で底辺に平行に切る求積方法を全体で共有し，この台形の面積が18㎠であることを確認した。

台形の求積方法の公式化に向けて，教師は「台形のどの部分の長さが分かれば，面積を求め

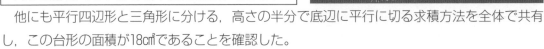

られるかな。」と子どもたちに働きかけた。「上の辺と下の辺の長さ，高さが分かれば求められ
るね。」「台形は上にも下にも底辺がある感じ。」など，子どもたちが辺の長さや高さに着目し
てきたところで，「上底」「下底」という用語を示した。子どもたちは三角形や平行四辺形の求
積公式を参考に「台形の面積＝（上底＋下底）×高さ÷２」と公式化した。

公式を求めることができて満足している子どもたちに，教師は以下のように発問した。

 平行四辺形の公式が長方形に使えたように，
台形の公式も他の図形にも使えるかな。

平行四辺形は，台形と似ているから求められそう。

子どもたちの「他の図形でも使えるか調べてみたい。」という追求意欲を高めたところで，
深める追求問題「☆台形の面積を求める公式は，他の図形にも使えるのか。」を設定した。

子どもたちは，授業の最初に扱った平行四辺形と三
角形について，台形の求積公式を使って面積を求めた。
台形の求積公式を使った場合と，それぞれの求積公式
を使った場合の面積が等しいため，台形の求積公式が
これらの図形にも使えることを確認した後，教師は以
下のように発問した。

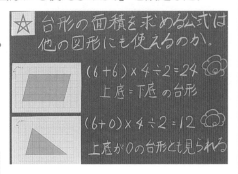

 台形の公式はどんな図形に使えるのかな。

子どもたちは「平行四辺形は上底と下底が等しい特別な台形。」「三角形は上底が０の台形だ
と見ることもできる。」などと発言した。そこでＩＣＴを活用し，台形の上底の長さを変化さ
せると平行四辺形や三角形ができることを確認した。Ｃさんは以下のように発言した。

平行四辺形や三角形は「上底の長さが特別な台形」と見ることができるね。

子どもたちは他にも「平行四辺形に使えるってことは正方形や長方形にも使えるね。」など
と発言し，図形の構成要素に着目しながら，台形の求積公式が他の図形にも使える理由を見い
だすことができた。

終　末（板書❹）

子どもたちは，台形の面積の求め方を考える活動
や，他の図形にもその公式が使えるのか確かめる活
動から「台形の面積＝（上底＋下底）×高さ÷２」
という理解に加え，「台形の面積を求める公式は，
平行四辺形や三角形などにも使える。」という深い学びを獲得した。

（泉田　雄太）

Grade1
Grade2
Grade3
Grade4
Grade5
Grade6

3 どちらが先にゴールするか

| 教　材 | 2区間を一定の速さで進む人と，速さが変わる人との競走場面で，どちらが先にゴールするか検討する活動 |
| 教　具 | 時間と道のりを表す二重構造の数直線
導入問題の場面の画像 |

【追求問題】

| 追　求　問　題 | ◎たかしとひとみのどちらが勝つか。それとも，同着か。 |
| 深める追求問題 | ☆ひとみのA〜Cの速さは，どう表すか。 |

本時における深い学び

　「速さ」は道のりと時間によって表されるものだから，2つの速さをたして平均することはできない。

　導入問題「たかしは『A〜B地点（給水所）もB〜C地点もどちらも時速5km』で歩く。ひとみは『A〜Bを時速6km，B〜Cを時速4km』で歩く。どちらが先にゴールするかな。」を提示する。この問題は，2つの速さをたしたり，平均したりすれば答えが求められるという誤った認識に気付かせ，速さは単位時間と道のりの割合で表されていることを捉え直す学習である。

　速さは「道のり÷時間」で求められる単位時間あたりに進む道のりを表すが，道のりの数値に意識が偏り，量として捉えてしまう傾向がある。

　速さと道のりの関係から数直線を活用して時間を求めさせ，どちらのゴールが先か比べることを通して，速さは平均することができないことに気付かせ，速さの理解を深めたい。

■単元計画（本時　5／8　時間目）

・速さについて調べ，その比べ方を考えよう。（1時間）

・時速と分速，秒速の関係について考えよう。（2時間）

・速さから道のりや時間を考えよう。（1時間）

・異なる速さで2つの区間を進んだ場合の，全体にかかる時間や速さを考えよう。（1時間）

・仕事の速さを調べよう。（1時間）

・学習を振り返り身に付けよう。（2時間）

<table>
<tr><td rowspan="4">板書事項</td><td>❶導入問題，その答えの予想</td></tr>
<tr><td>❷追求問題，たかしとひとみのA〜B〜Cの数直線と時間を求める式</td></tr>
<tr><td>❸深める追求問題，ひとみのA〜Cの数直線と速さを求める式</td></tr>
<tr><td>❹まとめ</td></tr>
</table>

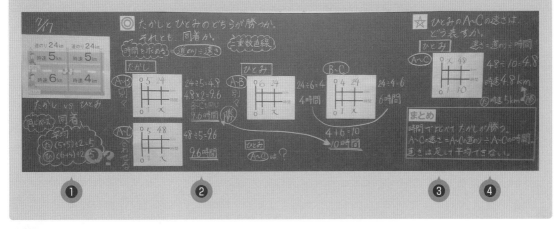

■授業の計画

導入	T	（導入問題）たかしは「A〜B，B〜Cのどちらも時速5㎞」で歩く。ひとみは「A〜Bを時速6㎞，B〜Cを時速4㎞」で歩く。どちらが先にゴールするかな。
	C	ひとみの速さを平均すると「$(6+4)÷2=5$」だから同着だ。
	C	たかしの方が同じペースで歩いているから速そう。
	追求問題	◎たかしとひとみのどちらが勝つか。それとも，同着か。
展開	T	たかしとひとみをA〜BとB〜Cでかかった時間で比べてみよう。
	C	たかしはA〜Bで「$24÷5=4.8$」。B〜Cも同じだから$4.8×2$で9.6時間。
	C	ひとみは「$24÷6=4$」「$24÷4=6$」。だから「$4+6$」で10時間。
	C	どうして同着にならないのかな。
	T	同じ速さではないようだね。どうしてだろう。
	C	ひとみのA〜Cの速さは，本当はどうなるのかな。
	深める追求問題	☆ひとみのA〜Cの速さは，どう表すか。
	T	たかしのようにA〜Cの数直線はかけないかな。
	C	速さをxにして，A〜Cの道のりを48㎞，かかった時間を10時間とすればかける。
	C	ひとみのA〜Cの速さは時速4.8㎞だ。やっぱりたかしの方が速い。
終末	T	今日，分かったことはどんなことかな。
	C	時間で比べて，たかしが勝つ。
	C	速さはたして平均を出すことができない。
	C	A〜Cの速さは「A〜Cの道のり÷A〜Cの時間」。

■授業の実際

用意する教材・教具

板　書：二重構造の数直線／導入問題の場面の画像
子ども：数値が書きこめる二重構造の数直線

導　入（板書❶）

　導入問題「たかしは『A～B，B～Cのどちらも時速5㎞』で
歩く。ひとみは『A～Bを時速6㎞，B～Cを時速4㎞』で歩く。」
を提示し「どちらが先にゴールすると思いますか。」と発問した。

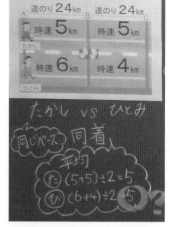

　大半の子どもは「ひとみは時速6㎞と時速4㎞で歩くから，全
体で合わせて平均すると『（6＋4）÷2＝5』で，たかしと一緒
で同着だ。」と予想した。また，「たかしはずっと同じペースで歩
くから速そう。」と，たかしの方が速いと予想する子どももいた。
ここで，教師は以下のように発問した。

　どちらかが勝つだけでなく同着もあるかな。

　同着もあり得る。かかった時間を計算してみれば分かる。

　かかる時間を計算して，「どちらが勝つのかはっきりさせたい。」という追求意欲が高まった
ところで，追求問題「◎たかしとひとみのどちらが勝つか。それとも，同着か。」を設定した。

展　開（板書❷❸）

　子どもたちが，どちらが勝つか2人を比
べる際に，教師は「たかしとひとみをA～
BとB～Cでかかった時間で比べてみよ
う。」と働きかけた。

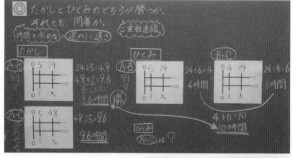

　まず，同じペースで歩くたかしの時間を
考え，その後ひとみの時間を考えた。

　Aさんは，たかしの速さと道のりを数直線にまとめながら，
A～BとB～Cでかかった時間に目を向けた。

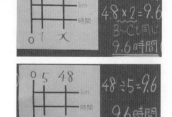

> たかしは，時速5㎞で歩くからA～Bで「24÷5＝4.8」。
> B～Cも同じ時速5㎞だから「4.8×2＝9.6」で9.6時間。

　Bさんは，たかしが同じ速さで歩いていることから，A～C
の道のりを合計して数直線に表した。

> たかしは，同じペースだから，「48÷5＝9.6」で9.6時間。

子どもたちは，ひとみについても同様に数直線にまとめながら時間を求めた。

ひとみはA〜Bを時速６kmで歩いたので，「24÷6＝4」で４時間。B〜Cを時速４kmで歩いたので，「24÷4＝6」で６時間。だから「4＋6＝10」で10時間かかった。

たかしとひとみのかかった時間を求めて比べることでたかしが勝つことが分かった。同着を予想していた子どもたちは「どうして同着にならないのかな。」「平均したら同じだと思ったのにどうして。」などと戸惑う様子の発言があった。そこで，教師は以下のように発問した。

同じ速さではないようだね。どうしてだろう。

ひとみのA〜Cの速さは，本当はどうなるのかな。

他にも，「時速５kmよりも小さくなるはずだよ。」など，子どもたちは，ひとみのA〜Cの速さに着目してきた。そこで，深める追求問題「☆ひとみのA〜Cの速さは，どう表すか。」を設定した。

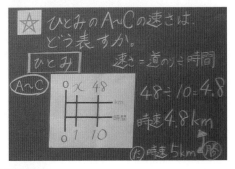

子どもたちは，これまでの数直線を見ながらひとみのA〜Cの速さをどう表すかを話し合った。その際，教師は以下のように発問した。

たかしのようにA〜Cの数直線はかけないかな。

速さを分からないもの x にして，A〜Cの道のりを48km，かかった時間を10時間とすればかける。

子どもたちは，ここまでで分かっている時間（10時間）や道のり（48km）を数直線に書きこんだ。A〜Cの時間と道のりが分かったことから，A〜Cの速さを求められることに気付き，「ひとみのA〜Cの速さは時速4.8kmだ。やっぱりたかしの方が速い。」とA〜Cの速さが時速５kmでないことから，同着にならない理由を明確にすることができた。

終　末（板書❹）

子どもたちは，「２区間を一定の速さで進む人と，速さが変わる人との競走では，時間を求めて比べること，A〜Cの速さは『A〜Cの道のり÷A〜Cの時間』で求める。」という理解に加え，「速さは，道のりと時間によって表されるものだから，２つの速さをたして平均することはできない。」という深い学びを獲得した。

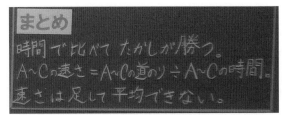

（御子柴　直之）

4 凹四角形の角の和は何度だろう

教　材	凹四角形の内角の和を求める2種類の分け方を比較する活動
教　具	角に赤，青，緑，紫と異なる色を付けた凹四角形

  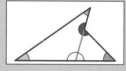

（ア）内角をすべて含む　　（イ）内角でない角を含む

【追求問題】

追　求　問　題	◎凹み四角形の角の和は何度か。
深める追求問題	☆どちらの考え方も180°＋180°＝360°でよいのか。

本時における深い学び

　多角形を三角形に区切って角の和を求めるとき，もともとあった角の角度は合わせ，作図でできた角の角度はひけば，いろいろな区切り方で求められる。

　導入問題「この四角形の4つ角の和は求められるでしょうか。」と凹四角形を提示する。この図形を，三角形2つに分割する補助線は，2種類が考えられる。1つは，四角形の内角のすべてを含む補助線（ア）であるが，もう1つは内角ではない角を含む補助線（イ）である。しかし，子どもたちは，分割した三角形が内角をすべて使って構成されているかどうかの意識は弱く，三角形2つに分割できたことで「180°＋180°＝360°」と満足してしまう。

　4つの内角をすべてたしているかどうかについて図と式を結び付けて考える活動を通して，内角以外の角度を計算していることに気付く。図に合う式に書き換えることで，補助線を引いて新しくできた角はひけばよいことを理解する。どんな求め方をしても内角の和に合った式であれば同じ角度になることに気付かせ，多角形の内角の和の理解を深めたい。

■単元計画（本時　4／8　時間目）

・三角形の角の大きさの和を求めよう。（2時間）

・四角形の角の大きさの和を求めよう。（2時間）

・多角形の角の大きさの和を求めよう。（2時間）

・学習を振り返り身に付けよう。（2時間）

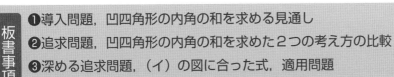

<table>
<tr><td rowspan="4">板書事項</td><td>❶導入問題，凹四角形の内角の和を求める見通し</td></tr>
<tr><td>❷追求問題，凹四角形の内角の和を求めた２つの考え方の比較</td></tr>
<tr><td>❸深める追求問題，（イ）の図に合った式，適用問題</td></tr>
<tr><td>❹まとめ</td></tr>
</table>

■授業の計画

<table>
<tr><td rowspan="3">導入</td><td>T</td><td>（導入問題）この四角形の４つ角の和は求められるでしょうか。</td></tr>
<tr><td>C</td><td>四角形だから360°だと思う。</td></tr>
<tr><td>C</td><td>三角形に分ければ求められるよ。</td></tr>
<tr><td colspan="3">追求問題 ◎凹み四角形の４つの角の和は何度か。</td></tr>
<tr><td rowspan="7">展開</td><td>T</td><td>どのように考えたのか分かるように，図と式がかけるかな。</td></tr>
<tr><td>C</td><td>（凹んだ頂点からの対角線を使って）三角形２つに分けて，180°＋180°＝360°だよ。</td></tr>
<tr><td>C</td><td>別の考えだと。（頂点と辺をつないだ線で）三角形２つに分けて，式は同じです。</td></tr>
<tr><td>C</td><td>どっちも三角形２つに分けているから，式は同じなんだ。</td></tr>
<tr><td>T</td><td>どちらも赤，青，緑，紫の４つの角を合わせると360°になると説明しているのかな。</td></tr>
<tr><td>C</td><td>紫の角の全部を使っていない。</td></tr>
<tr><td>C</td><td>色が付いていない角をたしている。</td></tr>
<tr><td colspan="3">深める追求問題 ☆どちらの考え方も180°＋180°＝360°でよいのか。</td></tr>
<tr><td rowspan="3"></td><td>T</td><td>どうすれば図に合う式になるかな。</td></tr>
<tr><td>C</td><td>紫で使っていない分の角をたせばいいから，「180°＋180°＋180°＝540°」かな。</td></tr>
<tr><td>C</td><td>後からつくった角の角度はひけばいいから，「180°＋180°＋180°－180°＝360°」だ。</td></tr>
<tr><td rowspan="3">終末</td><td>C</td><td>「＋180°」と「－180°」は計算すれば０だから消していいよ。</td></tr>
<tr><td>T</td><td>今日，分かったことはどんなことかな。</td></tr>
<tr><td>C</td><td>凹み四角形の角の和は360°。</td></tr>
<tr><td></td><td>C</td><td>もともとの角は全部たす。区切ったときにつくった角はひけばよい。</td></tr>
</table>

Grade 1
Grade 2
Grade 3
Grade 4
Grade 5
Grade 6

■授業の実際

導　入（板書❶）

　子どもたちは，前時で四角形の内角の和は，三角
形２つに分けて求められ360°であることを学習した。

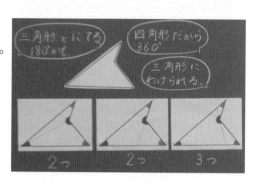

　本時の導入問題として，凹四角形を提示した。子
どもたちは「凹んでいる四角形」「三角形に似てい
る」と反応した。「この凹んでいる四角形の４つの
角の和は求められるでしょうか。」と働きかけた。
子どもたちは，「四角形だから360°だと思う。」「三
角形に似ているから180°かも。」などと発言した。
ここで，教師は以下のように発問した。

> 分度器を使わずに４つの角の和は求められるかな。

> 三角形に分ければ求められるよ。

　子どもたちは，三角形に分けて求めるための方法を発言した。それを受けて教師が黒板の図
に３種類の補助線を引いた。子どもたちが「三角形の内角の和を利用して解決したい。」と追
求意欲を高めたところで，追求問題「◎凹み四角形の４つの角の和は何度か。」を設定した。

展　開（板書❷❸）

　Aさんは，次のように求めた。

> 凹んだ頂点から対角線を引いて，「180°
> ＋180°＝360°」として内角の和を求めた。

　Bさんは，次のように求めた。

> 凹んだ頂点（紫の角）と辺を結ぶ補助線
> で三角形２つに分けて「180°＋180°＝
> 360°」として内角の和を求めた。

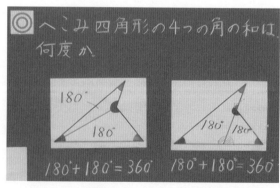

Aさん　　　　　Bさん

　子どもたちは，どちらの考えも三角形に分
けて考えていることから，凹四角形の内角の
和は360°であることに自信をもった様子であった。その様子を見取り，教師は以下のように発
問した。

どちらも赤，青，緑，紫の４つの角を合わせると360°になると説明しているのかな。

Ｂさんの方は，紫の角の全部を使っていない。

すると，子どもたちは「紫の角の180°が残っている。」「180°たせばいい。」「色が付いていない角，新しくできた角を使っている。」などと発言した。子どもたちが，Ｂさんの考え方と式が合うように式を変更したいと追求意欲を高めたところで，深める追求問題「☆どちらの考え方も180°＋180°＝360°でよいのか。」を設定した。

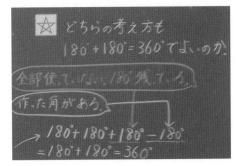

Ｂさんは「180°＋180°＋180°＝540°」と式を変更したが「色が付いていない角をたしたから180°多くなっている。」という発言をもとに，式に「－180°」を書き加えた。

子どもたちが気付いた見方・考え方を整理するために，教師は以下のように発問した。

どうすれば図に合う式になるかな。

もともとの角は全部たして，新しくできた角は後からひけばよい。

子どもたちの発言をもとに，教師は，Ｂさんの式に「＋180°」と「－180°」を板書した。教師は，導入場面で子どもが発言した考えを取り上げ「三角形３つに分けた場合はどんな式になるかな。」と働きかけた。Ａさんは，内角と内角ではない角を区別して考えた。

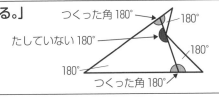

「たしてない角が180°で，つくった角は180°が２つある。」
180°×３ ＋180°－180°－180°
＝180°＋180°＝ 360°
「ややこしくなったけど，やっぱり360°だ。」

終 末（板書❹）

子どもたちは，凹四角形であっても，２つの三角形に分けることができ「内角の和が360°になること。」という理解に加え，「もともとあった角の角度は合わせ，作図でできた角の角度はひけば，様々な区切り方で求めることができる。」という深い学びを獲得した。

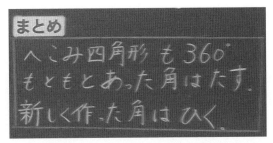

（太田　裕樹）

1 4人の選手の走順は何通りか

| 教　材 | リレーの走順は何通りあるかを調べる活動 |
| 教　具 | 走順のカード／選手の名前カード |

| 1番目 | 2番目 | 3番月 | 4番目 |
| あいる | いつき | うみと | えいじ |

【追求問題】

| 追求問題 | ◎表や図を使って4人の走順が何通りあるかを求めよう。 |
| 深める追求問題 | ☆人数が増えたとき，落ちや重なりなく調べるにはどうしたらよいか。 |

本時における深い学び

表や図を使って，固定する人を決めて順番に整理すれば，落ちや重なりなく調べられる。

導入問題「陸上大会のリレーに出る□人の走順は何通りあるかな。」を提示する。この問題は，並べ方を落ちや重なりがないように調べる学習である。その際，子どもたちは表や図を使った様々な方法を考えて何通りかを調べるが，規則や順序を決めて整理すれば，人数が増えても落ちや重なりなく求められることについての意識は弱い。

子どもたちが考えた表や図を比較したり，もし人数が多くなったらどの方法がよいかを考えたりする活動を通して，並べ方を考える際は1番目や1・2番目を固定し，規則や順序を考えて整理することの大切さを見いだす。そして，基準となる1つの表や図ができれば，全部で何通りかが分かることに気付かせ，並べ方や組み合わせ方を見いだす方法の理解を深めたい。

■単元計画（本時　2／7　時間目）

・並べ方が何通りあるかを調べよう。（4時間）

・組み合わせが何通りあるかを調べよう。（2時間）

・学習を振り返り理解を深めよう。（1時間）

Grade 1

Grade 2

Grade 3

Grade 4

Grade 5

Grade 6

板書事項	❶導入問題，表や図，簡単な記号にするなど既習事項の確認
	❷追求問題，４人の走順を表や図で考えたときの気付き
	❸深める追求問題，落ちや重なりなく調べる方法の気付き
	❹まとめ

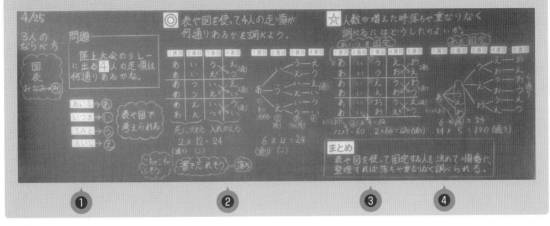

■授業の計画

導入	T	（導入問題）陸上大会のリレーに出る□人の走順は何通りあるかな。
	C	３人のときは６通りだった。４人にすると，それよりは多くなりそうだな。
	C	４人だと12通りくらいじゃないかな。表や図を使えばできそうだよ。
		追求問題 ◎表や図を使って４人の走順が何通りあるかを求めよう。
展開	T	表や図を工夫して，走順を調べよう。
	C	表を使って，１・２番目を固定して考えました。
	C	図を使って，１番目を固定して考えました。
	T	人数が５人，６人に増えてもこの方法は使えるかな。
	C	１番目や１・２番目を固定すると，落ちなく求められそうだな。
	C	さっきは思いついた順に書いたけど，これならできそうだな。
		深める追求問題 ☆人数が増えたとき，落ちや重なりなく調べるにはどうしたらよいか。
	T	人数が増えたとき，どうやって調べるとよいのかな。
	C	３つを固定して，残りの４・５番目を入れ替える。
	C	１つを固定して，２番目，３番目の順に考えていく。
	T	落ちや重なりをなくすために，大事なことは何かな。
	C	どちらも固定する人を決めて，順番に考えているね。
終末	T	今日，分かったことはどんなことかな。
	C	固定する人を決めて並び方を順番に整理すれば，落ちや重なりなく調べられる。

■授業の実際

導　入（板書❶）

　最初に，既習問題である「3人のリレー選手が走る順番は何通りあるか。」を復習した。ここで「図や表を使うこと」「簡単な記号にしたこと」を確認した。その上で，本時の導入問題である「陸上大会のリレーに出る□人の走順は何通りあるかな。」と子どもたちに発問した。子どもたちは「3人のときは6通りだった。4人にすると，それよりは多くなりそうだな。」「4人だと12通りくらいじゃないかな。」などと発言した。ここで，教師は以下のように発問した。

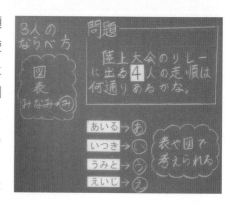

 どうやったら調べられるかな。

表や図を使えばできそうだよ。

　子どもたちが「表や図を使って何通りかを求めたい。」という追求意欲を高めたところで，追求問題「◎表や図を使って4人の走順が何通りあるかを求めよう。」を設定した。

展　開（板書❷❸）

　子どもたちは，表や図を使って考えた。「表や図をどのように使ったらいいのかな。」「思いついた通りに表に書くと，よく分からなくなった。」など，困っている子どもたちがいたことから，規則や順序を意識して何通りかを求めていた子どもに発言を促した。

　Aさんは，表を使って1・2番目を決めて考えた。

　1・2番目を「あい」にして考えるよ。

　1・2番目を「あい」「あう」「あえ」「いあ」…にしたとき，すべて2通りずつあることから，「2×12」で24通りであることを見いだした。

　Bさんは，樹形図を使って1番目を固定して考えた。

　1番目を「あ」にして線でつないだよ。

1番目を<u>あ</u>・<u>い</u>・<u>う</u>・<u>え</u>にしたとき，すべて6通りになるから，6×4で24通りであると見いだした。その後，教師は子どもたちに以下のように発問した。

> 人数が5人，6人に増えてもこの方法は使えるかな。

> 1番目や1・2番目を固定すると，落ちなく求められそうだな。

他にも「さっきは思いついた順に書いたけど，これならできそうだな。」など，子どもたちは落ちや重なりがない整理の仕方に着目し始めた。子どもたちが「人数が増えたときの整理の仕方をどうしたらよいか。」という意識を高めたところで，深める追求問題「☆人数が増えたとき，落ちや重なりなく調べるにはど

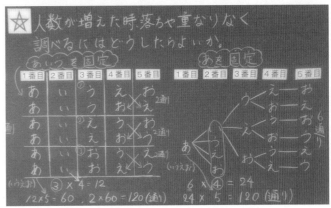

うしたらよいか。」を設定した。子どもたちは4人の並べ方で出た方法を用いて5人の並べ方を考え，120通りになることを見いだした。そこで，教師は以下のように発問した。

> 落ちや重なりをなくすために，大事なことは何かな。

子どもたちは「Aさんは最初<u>あ</u> <u>い</u> <u>う</u>を決め，残りの<u>え</u> <u>お</u>を入れ替えている。」「Bさんは最初を<u>あ</u>にして，次は<u>い</u> <u>う</u> <u>え</u> <u>お</u>，その次は<u>う</u> <u>え</u> <u>お</u>というように線でつないでいる。」などと発言した。そして，Cさんは以下のように発言した。

> どちらも固定する人を決めて，順番に考えているね。

子どもたちは，これまで出された整理の仕方から，固定することや固定して残りの並べ方を考えることで，落ちや重なりがなくなることを見いだすことができた。

終　末（板書❹）

子どもたちは，走順を考える活動から「表や図を使えば並べ方を求められる。」という理解に加え，「固定する人を決めて順番に整理すれば，落ちや重なりなく調べられる。」という深い学びを獲得した。

（山内　克哲）

2 どんな形のグラフなのか調べよう

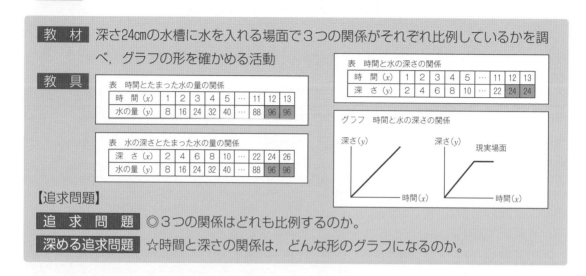

| 教　材 | 深さ24cmの水槽に水を入れる場面で3つの関係がそれぞれ比例しているかを調べ，グラフの形を確かめる活動 |

表　時間とたまった水の量の関係

時　間 (x)	1	2	3	4	5	…	11	12	13
水の量 (y)	8	16	24	32	40	…	88	96	96

表　時間と水の深さの関係

時　間 (x)	1	2	3	4	5	…	11	12	13
深　さ (y)	2	4	6	8	10	…	22	24	24

表　水の深さとたまった水の量の関係

深　さ (x)	2	4	6	8	10	…	22	24	26
水の量 (y)	8	16	24	32	40	…	88	96	96

グラフ　時間と水の深さの関係

【追求問題】

| 追　求　問　題 | ◎3つの関係はどれも比例するのか。 |
| 深める追求問題 | ☆時間と深さの関係は，どんな形のグラフになるのか。 |

本時における深い学び

　水槽に水を入れるとき，時間 x とたまった水の深さ y は水槽が満たんになるまでは比例するが，それ以降は比例しない。

　導入問題「深さ24cmの水槽の中に水を入れます。1分間に水が8L入り，2cmずつ深くなりました。」を提示する。この問題は，時間と水の量，水の深さの3量をもとに，表や式，グラフから比例の関係を見いだし，現実場面で比例の関係が成り立つかを検討する学習である。子どもたちは時間と水の深さの関係については比例の関係を見いだせるが「水槽の水が溢れる」という現実場面には意識が向かない。

　時間と水の深さといった2量の関係をもとに，表や式，グラフから比例の関係を見いだす活動を行った後，現実場面には範囲があることに気付かせ，比例についての理解を深めたい。

■単元計画（本時　9／16　時間目）

・身の回りにある比例の関係にある量を調べよう。（6時間）

・比例の関係をグラフに表そう。（6時間）

・身の回りにある反比例の関係にある量を調べよう。（3時間）

・学習を振り返り身に付けよう。（1時間）

<table>
<tr><td rowspan="4">板書事項</td></tr>
</table>

❶導入問題，問題に含まれる３つの量の気付きと，時間と水の量の関係の確認

❷追求問題，時間と深さ，深さと水の量の比例の関係を調べたときの気付き

❸深める追求問題，満たんになった後のグラフの変化とその気付き

❹まとめ

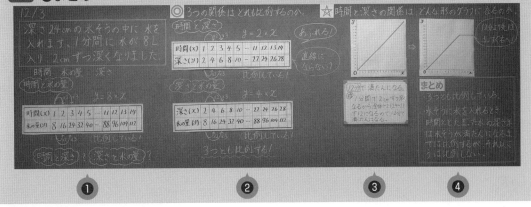

■授業の計画

導入	T	（導入問題）深さ24cmの水槽の中に水を入れます。１分間に水が８L入り，２cmずつ深くなりました。
	C	水の量，時間，深さの３つの量があるね。
	C	時間と水の量は比例している。一方が２倍されると，もう一方も２倍になるね。
	T	時間と深さ，深さと水の量も比例するのかな。
	C	時間と水の量が比例するなら，時間と深さ，深さと水の量も比例すると思う。

追求問題 ◎３つの関係はどれも比例するのか。

展開	T	全部比例の関係になっているのか調べてみよう。
	C	表にすると，２つとも一方を２倍，３倍するともう一方も２倍，３倍になっている。
	C	時間と深さは $y＝2×x$，時間と水の量は $y＝8×x$ となるから，比例している。
	T	比例しているから，時間と水の深さの関係を表すグラフはこんな直線になるね。
	C	ならない場合もあるんじゃないかな。だって，水が無限に入るのはおかしいよ。
	C	どこかで満たんになるはずだ。途中から比例しなくなるのかな。

深める追求問題 ☆時間と深さの関係は，どんな形のグラフになるのか。

	T	どこまで比例するのかな。
	C	１分間で２cmずつ深くなるから，24÷２＝12で，12分で満たんになる。
	C	グラフは途中から変わって，12分より先はずっと深さが24cmになる。
終末	T	今日，分かったことはどんなことかな。
	C	３つはどれも比例している。水槽に水を入れるとき，時間 x と水の深さ y は水槽の水が満たんになるまでは比例するが，それ以降は比例しない。

■授業の実際

導　入（板書❶）

　問題場面を提示すると，子どもたちは「時間」「水の量」
「深さ」の３つの量を見いだした。時間と水の量について考
え，時間が２倍，３倍…になると，もう一方の水の量も２倍，
３倍…になり，比例の関係であることを全体で確認した。次
に，教師は以下のように発問した。

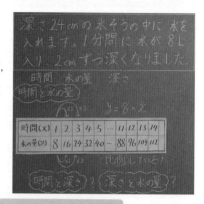

　　時間と深さ，深さと水の量も比例
　　するのかな。

　　時間と水の量が比例するなら，時間と深さ，深さと水の量も比例
　　すると思う。

　子どもたちが「時間と深さ，深さと水の量も表で調べれば比例かどうか調べられる。」とい
う見通しをもち，「表を用いて調べてみたい。」という追求意欲を高めたところで，本時の追求
問題「◎３つの関係はどれも比例するのか。」を設定した。

展　開（板書❷❸）

　Aさんは，表にして調べた。

> 時間と深さ，深さと水の量とも一方を２
> 倍，３倍するともう一方も２倍，３倍に
> なっている。

　Bさんは，表をもとに，式にして考えた。

> 時間と深さは $y = 2 \times x$，時間と水の量
> は $y = 8 \times x$ となるから，比例している。

　子どもたちは表や式を用いて深さと水の量，
時間と深さの関係を調べ，どちらも比例の関
係になっていることを見いだした。そして，
３つの関係がそれぞれ比例していることを確

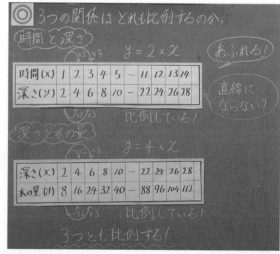

認して満足している子どもたちに，教師は以下のように発問した。

比例しているから，時間と水の深さの関係を
表すグラフはこんな直線になるね。

ならない場合もあるんじゃないかな。
だって，水が無限に入るのはおかしいよ。

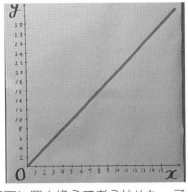

　この発言を受け，子どもたちは「理科室が水浸しになる。」
「ずっと直線にはならない。」「どこかで満たんになるはずだ。
途中から比例しなくなるのかな。」など，２量の関係を現実場面に置き換えて考え始めた。子
どもたちが水槽の水が満たんになることに着目し「比例の関係が続かない場合があるのか調べ
たい。」という追求意欲を高めたところで，深める追求問題「☆時間と深さの関係は，どんな
形のグラフになるのか。」を設定した。ここで，教師は以下のように発問した。

どこまで比例するのかな。

１分間で２cmずつ深くなるから，
24÷２＝12で，12分で満たんになる。

　Aさんの発言を受け，
12分までのグラフを確
認した。その後，12分
から先のグラフを考え
させると，子どもたち
は手を横に動かすなど，
水平な直線（xが増加

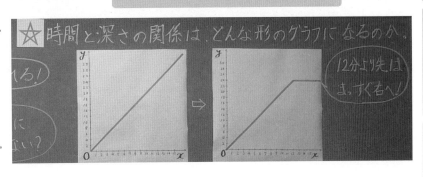

して，y＝24）になることを確認した。その後，Bさんが「グラフは途中から変わって，12
分より先はずっと深さが24cmになる。」とグラフで説明し，学級全体が現実場面では比例の関
係に範囲がある場合があることを理解することができた。また，水槽の中の水の量に着目する
と，時間と水の量，深さと水の量の関係も，水平な直線になることを理解することができた。

終　末（板書❹）

　子どもたちは，時間と水の量，時間と深さ，深さと水の量
の３つの関係がそれぞれ比例しているかを調べる活動から
「３つとも比例している。」という理解に加え，「水槽に水を
入れるとき，時間 x とたまった水の深さ y は水槽が満たん
になるまでは比例するが，それ以降は比例しない。」という
深い学びを獲得した。

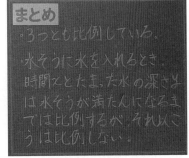

（柏川　陽祐）

3 正多角形の対称性を調べよう

| 教　材 | 正多角形を対称性に着目して分類し，対称の軸や中心を見付ける活動 |
| 教　具 | 正多角形の図／正多角形を対称性に着目して分類する表 |

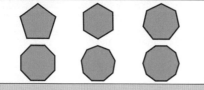

	線対称	対称の軸の数	点対称
正五角形	○	5	×
正六角形	○	6	○
正七角形	○	7	×
正八角形	○	8	○
正九角形	○	9	×

【追求問題】

| 追　求　問　題 | ◎正多角形の対称性を調べよう。 |
| 深める追求問題 | ☆点対称な図形の頂点の数は偶数なのか。 |

本時における深い学び

点対称な図形は，対応する2つの頂点が数組あるから，頂点の数が偶数になる。

導入問題「正三角形と正方形を線対称な図形と点対称な図形に分けて，○と×を書きましょう。」を提示する。この問題は，正三角形や正方形について，線対称な図形と点対称な図形に弁別し，既習の図形を対称性の観点から捉え直すものである。その後「さらに角が増えたらどうなるか。」という問いのもと，正多角形の対称性を調べる学習を行う。

表にまとめていくと，すべての正多角形が線対称であることや軸の本数は頂点の数と同数であること，頂点が偶数個のときに点対称になることに気付くことができる。しかし，子どもたちの点対称な図形と頂点の数との関係についての意識は弱い。実際に対称の軸をかいたり，対称の中心を見付けたりする活動を通して，正多角形の対称性を見いだすとともに点対称な図形の頂点の数のきまりに気付かせ，対称な図形についての理解を深めたい。

■単元計画（本時　11／13　時間目）

・線対称な図形を調べよう。（5時間）

・点対称な図形を調べよう。（4時間）

・多角形と対称について調べよう。（2時間）

・学習を振り返り身に付けよう。（2時間）

❶導入問題，正三角形や正方形の対称性についての確認

❷追求問題，図形の対称性を図で可視化，表を見たときの気付き

❸深める追求問題，点対称な図形と頂点の数との関係についての気付き

❹まとめ

板書事項

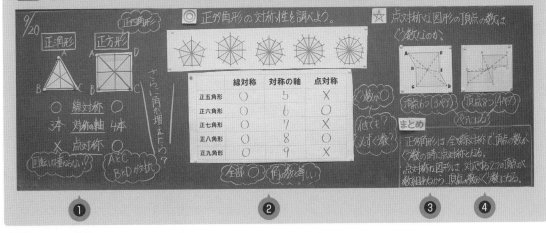

■授業の計画

導入	T	（導入問題）正三角形と正方形を線対称な図形と点対称な図形に分けて，○と×を書きましょう。
	C	正三角形は線対称な図形で，対称の軸は３本。点対称な図形ではなかったよ。
	C	正方形は線対称な図形で，対称の軸は４本。点対称な図形だよ。
	T	正方形は正四角形と見ることができるね。さらに角が増えたらどうだろう。
	C	全部，線対称な図形なのかな。点対称はどうだろう…。

追求問題 ◎正多角形の対称性を調べよう。

展開	T	正多角形の図に線を引き，図形の対称性について調べたことを表にまとめよう。
	C	やっぱり，すべて線対称な図形だね。対称の軸は，頂点の数だけある。
	C	正六角形，正八角形は点対称な図形になる。頂点の数が偶数のときになっている。
	C	点対称な図形は，頂点の数が偶数なのかな。今までの点対称な図形はどうだろう。

深める追求問題 ☆点対称な図形の頂点の数は偶数なのか。

	T	今まで出てきた点対称な図形を使って，頂点の数を調べてみよう。
	C	対応する頂点を線で結んでみよう。どれも，頂点の数が偶数個になっているよ。
	T	なぜ，点対称な図形は頂点の数が偶数になるのだろう。
	C	対応する２つの頂点が対称の中心を通って結ばれるから，頂点の数が偶数になる。
終末	T	今日，分かったことはどんなことかな。
	C	正多角形はすべて線対称で，頂点の数が偶数のときに点対称となる。
	C	点対称な図形は，対応する２つの頂点が数組あるから，頂点の数が偶数になる。

■授業の実際

導　入（板書❶）

導入問題「正三角形と正方形を線対称な図形と点対称な図形に分けて，○と×を書きましょう。」を提示した。まず，既習である「正三角形」と「正方形」について，正三角形は「線対称な図形で，対称の軸は３本。点対称な図形ではないこと」や正方形は「線対称な図形で，対称の軸は４本。点対称な図形であること」を子どもたちと確認した。次に，教師は以下のように発問した。

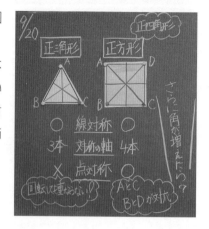

 **正方形は正四角形と見ることができるね。
さらに角が増えたらどうだろう。**

全部，線対称な図形なのかな。点対称はどうだろう…。

子どもたちが「正多角形はすべて線対称な図形で，点対称な図形にはなるものとならないものがあるのではないか。」という見通しをもち「実際に図をもとに調べてみたい。」という追求意欲を高めたところで，追求問題「◎正多角形の対称性を調べよう。」を設定した。

展　開（板書❷❸）

子どもたちが正多角形の対称性を調べる活動を行う際に正多角形の図に線を引かせ，①線対称な図形かどうか，②対称の軸は何本か，③点対称な図形かどうかの３つの観点を表にまとめるように働きかけた。子どもたちは，写真のように図と表を完成させた。

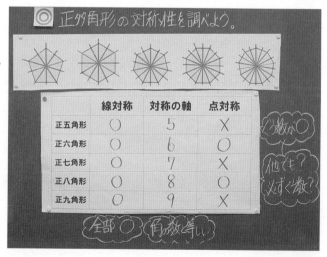

Aさんは，調べながら線対称な図形の規則性に目を向けた。

> やっぱり，すべて線対称な図形だね。対称の軸は，頂点の数だけある。

118

Bさんは，点対称な図形と頂点の数との関係に目を向けた。

> 正六角形，正八角形は点対称な図形だ。頂点の数が偶数のとき，点対称な図形になっている。

そこで，教師は以下のように発問した。

 点対称な図形の頂点の数は，必ず偶数個と言えるのかな。

今まで出てきた点対称な図形はどうだろう。調べてみよう。

子どもたちが，点対称な図形と頂点の数との関係に着目し，「点対称な図形について詳しく調べたい。」という追求意欲を高めたところで，深める追求問題「☆点対称な図形の頂点の数は偶数なのか。」を設定した。

子どもたちは既習の点対称な図形を用いて，対応する頂点を線で結んだ。いずれも頂点がペアになっており，頂点の数が偶数であることを確認したところで，教師は以下のように発問した。

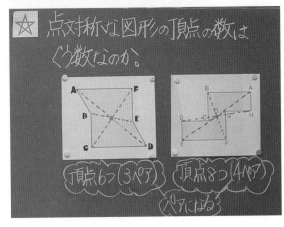

 なぜ，点対称な図形は頂点の数が偶数になるのだろう。

対応する2つの頂点が対称の中心を通って結ばれるから，頂点の数が偶数になる。

子どもたちは，点対称な図形の頂点の数がすべて偶数になっていることに気付いた。また，対応する2つの頂点が数組あり，いずれも対称の中心を通って結ばれることが，頂点が偶数になる理由であることを見いだすことができた。

終末（板書❹）

子どもたちは，正多角形の対称性を調べる活動から「正多角形はすべてが線対称で，頂点の数が偶数のときに点対称となる。」という理解に加え，「点対称な図形は，対応する2つの頂点が数組あるから，頂点の数が偶数になる。」という深い学びを獲得した。

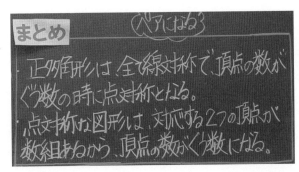

（小澤　邦夫）

4 同じ味のホットケーキをつくるには

<table>
<tr><td>教　材</td><td>4枚のホットケーキをつくる材料（もと200ｇ，牛乳160ｇ）から，3枚分の量を求める活動</td></tr>
<tr><td>教　具</td><td>3つの量の関係（枚数，もと，牛乳）及び，枚数と2つの量の関係を表した表</td></tr>
</table>

枚数（枚）	4	3
もと（g）	200	x
牛乳（g）	160	y

枚数（枚）	4	3
もと（g）	200	x

枚数（枚）	4	3
牛乳（g）	160	y

【追求問題】

追　求　問　題	◎等しい比を使ってどのように3枚分のもとと牛乳の量を求めるのか。
深める追求問題	☆枚数を使って等しい比をつくっても3枚分は求められるか。

本時における深い学び

　単位が異なる2つの量でも等しい比をつくることができ，ホットケーキ4枚分から3枚分の量を求めることができる。

　導入問題「4枚のホットケーキをつくるのに，ホットケーキのもと200ｇと牛乳160ｇを混ぜます。同じ味のホットケーキを3枚つくるのに，もとと牛乳はそれぞれ何ｇ必要か。」を提示する。この問題は，ホットケーキのもと（ｇ）と牛乳の量（ｇ）による同種の量で等しい比をつくり，4枚分から3枚分を導き出せることを見いだす学習である。子どもたちは，4枚分から3枚分を求めるには，これまでの学習から同種の量によって等しい比をつくり，単位量や倍の考えで求められることは見いだせるが，異種の量でも等しい比がつくれることについては意識が弱い。

　表を使って3量（枚数，もと，牛乳）の関係性を視覚化し，枚数ともとや枚数と牛乳による異種の2量を選んで等しい比をつくってホットケーキ3枚分の量が求められるか調べる活動を通して，異種の量で等しい比をつくっても求められることに気付かせ，比の理解を深めたい。

■単元計画（本時　5／10　時間目）

・比を使った割合の表し方を調べよう。（2時間）

・等しい比の関係を調べよう。（4時間）

・いろいろな場面で比を使ってみよう。（2時間）

・学習を振り返り身に付けよう。（2時間）

<table>
<tr><td rowspan="4">板書事項</td><td>❶導入問題，同じ味のホットケーキをつくる枚数，もと，牛乳の関係確認</td></tr>
<tr><td>❷追求問題，単位量や倍の考えから等しい比が求められることの理解</td></tr>
<tr><td>❸深める追求問題，単位が異なる２つの量でも等しい比がつくれることへの気付き</td></tr>
<tr><td>❹まとめ</td></tr>
</table>

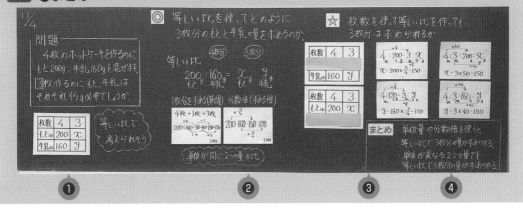

■授業の計画

導入	T	（導入問題）４枚のホットケーキをつくるのに，ホットケーキのもと200ｇと牛乳160ｇを混ぜます。同じ味のホットケーキを３枚つくるのに，もとと牛乳はそれぞれ何ｇ必要か。
	C	３枚分は微妙だな。
	C	等しい比を使って，３枚分のホットケーキのもとと牛乳の量をはっきりさせたい。
		追求問題 ◎等しい比を使ってどのように３枚分のもとと牛乳の量を求めるのか。
展開	T	これまでの学習で使える考え方は何かな。
	C	１枚分の量を求めれば，できそうだ。
	C	３枚分ってことは，$\frac{3}{4}$をかければいいのかな。
	T	単位の違う枚数を使っても等しい比はつくれるのかな。
	C	「もと：牛乳」と同じように等しい比はつくれそうだな。
	C	単位の違う枚数と量でも等しい比の関係がありそうだ。
		深める追求問題 ☆枚数を使って等しい比をつくっても３枚分は求められるか。
	T	どのような比をつくって，３枚分を求めたかな。
	C	枚数を使ってもとの量と牛乳の量をそれぞれ求める比をつくって求めた。
	C	４：３＝200：x，４：３＝160：yで求められた。
	C	単位が違う２つの量を使えば，簡単に求められるね。
終末	T	今日，分かったことはどんなことかな。
	C	単位量や分数倍を使うと，等しい比で３枚分の量を求めることができる。
	C	単位が異なる２つの量でも，等しい比で３枚分の量を求めることができる。

■授業の実際

用意する教材・教具

板　書：３つの量の関係を表す表（３枚）／１つの量を隠すシート（２枚）／マジック
子ども：ホワイトボード（グループ数）／ホワイトボードマーカー（グループ数）

導　入（板書❶）

最初に，４枚のホットケーキをつくるのに，ホットケーキのもと
200ｇと牛乳160ｇが必要なことを確認し，「何枚分だったら同じ味
のホットケーキに必要な量が分かるか。」と発問した。子どもたち
は「２枚分」「８枚分」と半分や２倍なら簡単に分かると発言した。
そして，本時の導入問題「同じ味のホットケーキを３枚つくるのに，
もとと牛乳はそれぞれ何ｇ必要か。」を子どもたちに提示した。

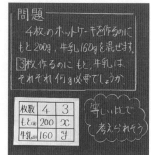

子どもたちは「３枚分は微妙だな。」と発言した。そこで，x，y
を使って分かっている量と分からない量を表に整理し，教師は以下のように発問した。

> どんな式になるのかな。

> 200：160＝x：y だ。
> これを使えば３枚分が分かりそう。

子どもたちは「等しい比をつくれば，それぞれの量が求められそうだ。」という見通しをも
ち，「等しい比を使って，３枚分のホットケーキのもとと牛乳の量をはっきりさせたい。」とい
う追求意欲を高めたところで，追求問題「◎等しい比を使ってどのように３枚分のもとと牛乳
の量を求めるのか。」を設定した。

展　開（板書❷❸）

子どもたちが等しい比を使う際，教師は「これまでの学習で使える考え方は何かな。」と働
きかけた。

Aさんは，単位量の考え方に目を向けた。

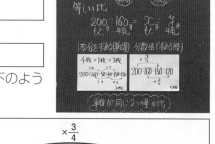

> **１枚分の量を求めれば，できそうだ。**

Bさんは，分数倍の考え方に目を向けた。

> **３枚分ってことは，$\frac{3}{4}$ をかければいいのかな。**

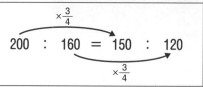

子どもたちは，使えそうな見方・考え方を共有し，以下のよう
に等しい比を完成させた。

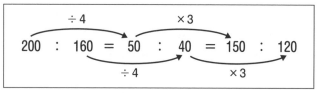

等しい比を完成させて満足している子どもたちに，教師は以下のように発問した。

単位の違う枚数を使っても
等しい比はつくれるのかな。

「もと：牛乳」と同じように
等しい比はつくれそうだな。

牛乳の量と，もとの量を隠した表を提示すると，「『枚数：枚数』と『もと：もと』で等しい比がつくれるのかもしれない。」「『枚数：もと』や『枚数：牛乳』で2つずつ比がつくれるから等しい比になるのかもしれない。」などと，子どもたちは枚数とそれぞれの量の関係に着目してきた。子どもたちの「単位の違う枚数と量でも等しい比の関係がありそうだ。」という追求意欲を高めたところで，深める追求問題「☆枚数を使って等しい比をつくっても3枚分は求められるか。」を設定した。

子どもたちは，枚数を使って等しい比をつくり，3枚分の量を求めたところで，教師は以下のように発問した。

どのような比をつくって，
3枚分を求めたかな。

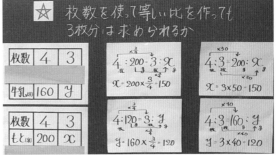

子どもたちは「枚数を使ってもとの量と牛乳の量を求める等しい比をつくって求めたよ。」と発言し，以下のように等しい比を完成させた。

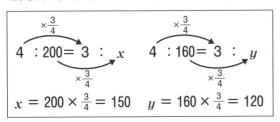

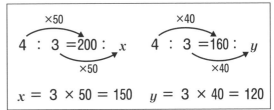

そして，求めた結果を見たCさんは，以下のように発言した。

単位が違う2つの量を使えば，簡単に求められるね。

子どもたちは，「枚数と量の間に等しい比の関係があるんだね。」と発言するなど，単位が異なる2つの量の間にも等しい比が成り立つことを見いだすことができた。

終 末（板書❹）

子どもたちは，等しい比を使って4枚分から3枚分の量を見いだす活動から「単位量や分数倍を使うと，等しい比で3枚分の量を求めることができる。」という理解に加え，「単位が異なる2つの量でも，等しい比で3枚分の量を求めることができる。」という深い学びを獲得した。

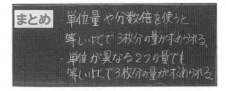

（川上　節夫）

【執筆者紹介】 （50音順，所属校は執筆当時）

〈執筆者〉

荒井　琢郎　　　長岡市立宮内小学校

泉田　雄太　　　燕市立島上小学校

稲葉謙太郎　　　長岡市立川崎小学校

太田　裕樹　　　長岡市立黒条小学校

小澤　邦夫　　　燕市立燕東小学校

笠原　知明　　　新潟大学附属長岡小学校

柏川　陽祐　　　長岡市立寺泊小学校

川上　節夫　　　新潟大学附属長岡小学校

久住　勇也　　　長岡市立宮内小学校

小見芳太郎　　　湯沢町立湯沢小学校

佐藤　満　　　　十日町市立飛渡第一小学校

新発田友理江　　燕市立燕西小学校

下田憲太郎　　　長岡市立越路小学校

関　美喜子　　　十日町市立上野小学校

瀬下　真心　　　三条市立嵐南小学校

田村　俊貴　　　長岡市立希望が丘小学校

寺井　昌人　　　長岡市立阪之上小学校

長井　茂　　　　柏崎市立日吉小学校

長谷川理恵　　　見附市立見附小学校

藤井　大輔　　　新潟大学附属長岡小学校

御子柴直之　　　長岡市立阪之上小学校

目黒幸士郎　　　十日町市立東小学校

安原　雄貴　　　見附市立今町小学校

山内　克哲　　　長岡市立宮内小学校

山谷　光平　　　見附市立田井小学校

【著者紹介】

長岡算数教育を語る会（ながおかさんすうきょういくをかたるかい）

長岡算数教育を語る会は，昭和49年に発足し，毎年60名程度の会員で構成される算数教育研究サークルである。

毎月１回の例会と委員会活動，授業研究会を主な研究活動として，多くの実践を広く公開している。

〈事務局〉

〒940-8530

長岡市学校町１丁目１番１号

新潟大学附属長岡小学校内

℡　0258-32-4191

代　　　表　　佐藤　満

副 代 表　　寺井　昌人　　　　　副 代 表　　太田　裕樹

研究部長　　小見　芳太郎　　　　事務局長　　下田　憲太郎

〈著書と主な研究誌〉

『覚醒と納得を生み出す算数科授業の創造』新数社（1982）

『算数をつくりだす子ども』明治図書（1985）

『算数用具の指導』明治図書（1986）

『算数教室経営の基礎・基本』明治図書（1988）

『算数を自立的に学ぶ一人学習と共同学習』明治図書（1995）

『学び合う喜びを感じる算数的活動』明治図書（2002）

『算数のつまずき克服　補充ワークシート』明治図書（2007）

『考える楽しさ実感！思考力・表現力を高める算数授業＆板書アイデア』
　　明治図書（2014）

『Number and Figure（第１集〜第83集）』長岡算数教育を語る会（1974
　　〜2020）

〈研究系譜〉

第１次研究「覚醒と納得を生み出す算数科授業の創造」（1973〜1982）

第２次研究「算数をつくりだす子ども」（1983〜1984）

第３次研究「楽しい算数・わかる算数」（1985〜1991）

第４次研究「わたしの算数・みんなの算数」（1992〜1999）

第５次研究「子どもが算数を創る授業」（2000〜2006）

第６次研究「考える楽しさを実感し探求する算数授業」（2007〜2013）

第７次研究「自ら問いをもち，協働的に探究する子ども」（2014〜2019）

第８次研究「自立して算数を追求する子ども」（2020〜）

〔本文イラスト〕木村　美穂

主体的・対話的で深い学びを実現する
算数の追求問題＆板書モデル

2021年４月初版第１刷刊　ⓒ著　者　長岡算数教育を語る会

発行者　藤　原　光　政

発行所　明治図書出版株式会社

http://www.meijitosho.co.jp

（企画）木山麻衣子（校正）有海有理

〒114-0023　東京都北区滝野川7-46-1

振替00160-5-151318　電話03(5907)6702

ご注文窓口　電話03(5907)6668

＊検印省略　　　　組版所　株式会社木元省美堂

Printed in Japan　　　　　　　ISBN978-4-18-371520-3
もれなくクーポンがもらえる！読者アンケートはこちらから